성공하는 사람들의 8가지 행복조건

성공하는 사람들의 8가지 행복조건

| 최정만 지음 |

8 CONDITIONS FOR THE HAPPINESS OF SUCCESSFUL PEOPLE

머리말

　긍정적이든 부정적이든 '진화론' 담론에서 찰스 다윈을 빼놓을 수 없듯이 현대의 행복론 담론에서 에드 디너(Ed Diener)와 마틴 셀리그만(Martin Selligman)을 빼놓을 수가 없습니다. 과거에는 '행복론'이 철학적 사색의 대상이 되어왔지만 이것이 과학적 탐구의 영역에서 연구된 것은 어바나 샴페인의 일리노이 주립대학 석좌교수인 에드 디너 교수로부터 시작되었습니다.

　그는 과거 30여 년 동안 오직 이 한 가지 주제만을 연구해온 '행복론' 연구의 세계적 석학으로서, 긍정심리학의 창시자이며 《학습된 낙관주의》 저자인 마틴 셀리그만과 함께 행복을 주관적이며 역설적인 요소로 보고 있습니다. 에드 디너는 '행복'을 심리학적인 용어로 정의하기를 '평안의 주관적인 누림'(subjective well-being)이라고 하면서 '모나리자의 미소'에 비친 83퍼센트의 기쁨과 17퍼센트의 슬픔이 조화를 이룰 때 인간은 '가장 이상적으로 평안을 누릴 수 있다'고 했습니다.

　그는 인간이 행복해지기 위한 두 가지 조건을 제시하고 있습니다. 이미 가지고 있는 것이 더 증가될 때 행복을 느끼고 또 한 가지 조건은 내적 주체적으로 욕망을 줄일 때 행복이 느껴진다고 했습니다. 학습된 무기력증 실험을 통해서 학습된 낙관주의 심리학 이론을 도출한 마틴 셀리그만은 낙관적인 사람은 학습활동이나 사업이나 인간관계나 모든 영역에서 성공적인 결과를 나타내 보였으며 낙관적인 사람이 행복한 사람이라고 했습니다.

　이런 주장들이 비록 과학적 실험을 거쳐서 통계 숫자와 함께 제시되기 때문에 새로운 소리로 들릴지는 몰라도 필자가 보기에는 이미 수천 년 전부터 여러 철학자들과 공자, 노자, 석가와 같은 종교적 지도자들에 의해서 설파된 동일한 가르침으로서 이런 가르침이 과연 인간의 행복문제를 근본적으로 해결해 주고 있다고는 결코 말할 수가 없습니다.

　그러나 예수 그리스도의 가르침은 본질적으로 이들의 가르침과 다른 점이 있습니다. 그 가르침은 신약성경에서 '산상수훈'이라고도 하고 '산상보훈'이라고도 하는 마태복음 5장입니다. 여기서 예수 그리스도는 '인간 행복의 8가지 핵심적인 요소'를 가르쳐 주고 있는데 그것을 지금까지 거의 대부분의 신학자들과 설교자들이 '팔복'으로 해석해 왔습니다.

머리말

　필자는 오래 전부터 이 해석에 의문을 제기해 왔습니다. 이 책을 쓰게 된 동기도 바로 이것입니다. 의문 제기의 대전제로 인간의 행복은 '하나'이며 이 행복에 이르기 위한 '조건'을 예수 그리스도는 여덟 가지로 제시하였다는 것이 필자의 새로운 주장입니다.

　지금까지의 '팔복'으로 해석해온 자들은 이 '복'을 외부로부터 채워지고 더해지고 부어지는 '복' 개념으로 표현해 왔고 조건과 결과 두 부분 중 마치 예수 그리스도가 결과에 더 강조점을 두고 말씀하신 것처럼 해석하고 있으나 필자는 그것이 아니리고 주장합니다. 예수 그리스도의 강조점은 결과 부분에 있는 것이 아니고 조건 부분에 있다고 생각합니다. 이 부분의 헬라어 원문이나 거의 대부분의 영역본을 보면 수사법으로도 이 조건 부분에 강조가 있고 의미상으로도 이 조건 부분에 강조점이 있습니다. 이 여덟 가지 조건을 강조하신 예수 그리스도의 의도를 철저히 가르치지 못하고 '복' 메시지가 전달될 때 그것이 '기복신앙'이 되고 '값싼 은혜'가 되는 것은 공식입니다.

　필자는 세계 최고의 청교도 조직신학자이며 수백만 부의 베스

J. I. Packer 박사와 필자

트 셀러 《하나님을 아는 지식》 (Knowing God)의 저자인 패커 (J. I. Packer) 박사를 만나서 그와 가진 담론에서 큰 은혜와 감동을 받았습니다. 그의 책을 읽고 영감을 받아 성경을 바르게 깨닫는 안목을 갖게 되었으며 미국의 코헨 대학교 총장이며 세계적인 성서학자인 게리 코헨(Gery Cohen) 박사와 개인적인 교제를 나누면서 성경 해석의 혜안을 갖게 되었습니다. 이러한 새로운 저술에 그분들의 도움이 컸기에 감사를 드립니다.

하나님의 은혜로 필자는 그동안 세계 도서 박람회 우수도서 저자로도 선정되었고 복음주의 신학자 학술대

Gery Cohen 박사와 필자

머리말

상도 받으면서 20여 권의 저서와 역서를 출판하였지만 이번에 펴내는 《성공하는 사람들의 8가지 행복 조건》은 필자의 남은 생애 문필 활동을 통해서 복음을 전하고자 기획한 '성공하는 사람들' 시리즈 중 처음 나온 작품인 만큼 다른 어떤 책보다 더 많은 준비 기도를 해 왔습니다. 이 책이 문서 선교사로서의 사명을 훌륭하게 잘 감당할 수 있도록 기도 후원자들이 열심히 기도하고 있기 때문에 많은 사람들에게 읽혀질 때 큰 감동과 좋은 영향력을 줄 수 있으리라 믿습니다.

필자가 이 책 원고를 미국에서 다듬고 있을 때 미국인 친구 목사님들과 미국교회 성도들이 처음 보는 한국어 글자들이 신기해 보였던지 잔뜩 호기심 어린 파란 눈동자를 깜박거리면서 그 책에 어떤 내용이 담겨있느냐고 질문해 왔습니다. 필자의 답변을 들은 그들은 그 책을 영어로 번역하면 좋겠다고 했으며, 어떤 미국 목사님은 주일 설교에서 인용했더니 성도들이 많은 은혜를 받았다고 고백했습니다.

존 맥아더 목사님의 저서 《Kingdom Living》이 '팔복'으로 번역 출판되었는데, 이 책을 읽은 미국인 성도 중의 한 분도 "《성공하는 사람들의 8가지 행복 조건)이 더 참신하고 마음에 와 닿는다"고 필자를 격려해 주었습니다. 마침 미국대학에서 영문학을 강의하는 교수 한 분이 이 책의 내용에 대해서 듣고 자기가 영어로 번역해 주겠다고 제안해 왔습니다. 곧 영역본도 출판되어 나올 것입니다. 모든 것이 하나님의 은혜입니다.

  필자는 목회자들이 이 책을 읽고 난 후부터는 설교가 달라지리라고 확신합니다. 신교사들과 신학도들이 이 책을 읽은 후 그들의 선교 및 신학의 목적과 방향과 내용이 달라지리라고 확신합니다. 성도들이 이 책을 읽은 후 그들의 삶에 큰 변화가 반드시 올 것을 필자는 기대합니다. 이 책 한 권 한 권이 기독교인이 아닌 이들에게도 '행복'과 '성공'이란 화두로 접근하여 중생 체험까지 안내하는 복음 전도자의 역할을 능히 감당할 것으로 확신합니다.
  나의 뜨거운 심장을 주님 제단에 바치는 심정으로 이 글을 올립니다.

2015년 1월 10일
미국 캔사스 기도실에서 최정만

목차

머리말　　　... 4

1장　복인가, 행복 조건인가　　... 13

2장　허심자의 행복　　　... 33

3장　거룩한 슬픔은 행복의 씨앗　... 53

4장　힘의 철학이냐, 온유자의 행복이냐　... 67

5장　주리고 목마른 자의 행복　... 85

6장   무조건 용서받은 자의 행복   ... 99

7장   마음이 청결한 자의 행복   ... 115

8장   화평하게 하는 자의 행복   ... 127

9장   박해를 받는 자의 행복   ... 143

10장 세상에 대한 소금처럼   ... 159

1장
복인가, 행복 조건인가?
BLESSING OR CONDITIONS FOR HAPPINESS?

••• 마태복음 5장 1-2절 •••
예수께서 무리를 보시고 산에 올라가 앉으시니 제자들이 나아온지라
입을 열어 가르쳐 이르시되

행복의 신화를 찾아서

현대인들은 함께 따를 수 있는 지도자, 함께 흔들 수 있는 깃발, 함께 부를 수 있는 노래, 함께 믿을 수 있는 신조를 찾으면 거기서 행복을 맛볼 줄 알고 있습니다. 그러나 어디에서도 이것들을 만족하게 찾을 수는 없습니다. 그래서 굶주린 짐승이 먹이를 찾아 헤매듯이 행복을 갈구합니다. 그들이 찾아 헤매는 행복은 과연 어디서 맛볼 수 있을까요?

우리는 너도나도 행복의 신화를 찾아 정신없이 뛰어다니고 있습니다. 어머니 뱃속의 태아 때부터 선행학습을 하면서 태어나서 유치원, 초등학교, 중·고등학교의 과외공부 입시지옥, 대학에서의 취직 경쟁을 거쳐 결혼을 하고 자녀를 낳고 좋은 직장을 갖고 집을 사고 돈을 모으면 행복해질 것이라고 믿고 있습니다. 우리는 이러한 행복 조건이 우리를 속이고 있다는 것을 마침내 깨닫게 됩니다.

사제지간(워싱턴/풀러/트리니티 대학 교수 폴 히버트 박사 부부와 필자)의 행복했던 순간

"우리의 인생이란 옷감은 행복이란 실과 불행이란 실로 빈틈없이 직조된 것이다."

이 말은 시인 윌리엄 블레이크가 쓴 '행복 신화의 허무함'을 노래한 시의 한 구절입니다.

당신은 지금 행복합니까? 아니면 행복을 추구하면서 인생의 경주에 전력 투구하고 있습니까?

필자는 결혼을 하면 참으로 행복한 삶이 기다리고 있을 것으로 생각했습니다. 결혼 후에는 대도시 근교에 아름다운 전원주택을 짓고 벽난로 옆에서 아내와 포도주 잔을 나누는 아름다운 하루하루의 삶 속에서 보름달처럼 방실거리는 아기를 팔에 안고 재롱을 받아주는 스위트 홈을 꿈꾸면서 행복을 추구했지만 그 꿈은 역시 꿈에 불과했습니다.

절망과 좌절로 완전히 침몰해 버릴 것만 같았던 내 인생의 배는 폭풍이 몰아치는 캄캄한 바다에서 방향을 잃고 표류할 때도 있었습니다. 가출해서 세상과 완전히 인연을 끊고 입산수도 진리탐구에 전심전력을 해봤고, 키에르케고르가 "죽음에 이르는 병"이라고 말한 '절망'이라는 병을 앓다가 자살을 시도해 보기도 했고, 어려서부터 기독교 가정에서 자랐지만 타종교에 입문하여 구도의 방법론을 바꾸어 보려고 몸부림도 쳐보았습니다.

그러던 어느 날 성경을 읽고 기도에 깊이 들어갔을 때 내 영혼의 그윽한 깊은 좌소 어디선가에서 성령의 임재를 느끼게 되었고 하나님의 음성을 마음으로 듣고 행복의 본질을 깨닫게 되었습니다.

행복이냐? 복이냐?

요즈음 유행하는 시사용어 중에 '국민행복지수'(GNH: Gross National Happiness)가 있습니다. 이 말은 행복 측정을 위한 지수 개념인데 1970년대에 부탄에서 처음으로 만들어졌다고 합니다. 그 후 OECD에서 국민의 총 행복을 국민 전체가 느끼는 행복의 평균치, 국민 전체가 느끼는 행복의 지속성, 행복불평등(Inequality of Happiness), 불평등조정행복(Inequality-Adjusted Happiness)의 4개 분야를 종합해서 각 국가의 국민행복지수를 1974년부터 해마다 발표하고 있습니다.

유태인 신학박사(NY대학 교수)이며 세계적인 복음전도 대 부흥사 Michael Brown 박사와 현대인의 행복신화와 산상수훈에 관해서 이견을 나누고 있다.

행복이란 주관적으로 느끼는 감정인데 이것을 측정하여 수치로 비교한다는 것에 대해서 의문을 나타내기도 하지만 오늘날 세계 모든 사람들이 여기에 대단한 관심을 두고 있는 것이 현실입니다. 이 지수를 산출하는 데는 소득, 주거환경, 공동체 생활, 환경, 일자리, 교육, 치안, 건강, 정치 참여, 삶의 만족도, 일과 삶의 균형 등 총 11개 영역에서 나온 점수를 합산한 수치가 되는 것입니다.

국민행복지수가 세계 1위인 국가는 부탄입니다. 이 국가의 케사르 왕은 가난한 자기 국가 재정을 고려해서 최근에는 자신의 결혼식을 매우 검소하게 치르느라고 외국의 국빈들은 일절 초대하지 않고 마치 한국의 전통적인 혼례식처럼 올렸다고 합니다. 그러나 이 결혼식은 금세기 아시아 판 최고의 행복한 결혼식으로 널리 알려지고 있습니다.

OECD가 발표한 통계에 의하면 한국은 경제적으로는 한강의 기적을 이루어 선진국 대열에 진입했다고 하지만 부끄럽게도 국민행복지수는 세계 최하위권에 머물고 있습니다. 물질이 많으면 행복할 것이라고 믿었던 믿음대로라면 한강의 기적이라는 경제적인 배를 타고 있는 우리는 과거 가난하던 시절보다 몇 배나 더 행복을 느껴야 할 터이지만 우리가 현재 그렇지 못하다는 것은 분명히 우리의 '행복' 이해에 재고를 요청하고 있는 것입니다.

우리나라가 갑오경장을 전후하여 근대화되기 이전에는 행복을 그냥 '복'이라고 했습니다. 우리나라의 고문헌을 살펴보면 '행' '불행'이나 '유복', '박복'은 있어도 '행복'이라는 단어는 찾아볼 수가 없습니다. 중국과 일본에도 고대와 중세까지는 '행복'이라는 말이 잘 쓰이지 않았습니다. 그러므로 젊은 세대는 '행복'을 꿈꾸며 속삭이지만 늙은 세대는 '복'을 빕니다.

고대 로마의 석학 마커스 T. 바로(Marcus T. Varro)가 쓴 《행복의 조건》에는 그 종류가 무려 288가지가 있었다고 루드비히 마르쿠제(Ludwig Marcuse)는 《행복론의 역사》를 쓰면서 인용하고 있습니다. 그러나 필자는 예수 그리스도가 갈릴리 호반이 내려다 보이는 복

갈릴리 호수

의 산에서 그를 따르던 무리에게 맛보여 준, 만고에 길이 빛나는 위대한 '8가지의 행복 조건'에 대해서 사족을 붙여 보고자 합니다.

신약성경 복음서에는 예수님이 사용하신 "복이 있나니"(blessed)라는 말이 9회 나타나 있습니다. 이 말은 진정한 복은 내적인 기쁨에 있다는 의미에서 '행복'(happiness)으로 바꾸어 읽어도 좋습니다. 예수님께서 행복에 이르는 유일한 길을 가르쳐 주셨습니다. 그 길을 가는 데는 8가지 조건이 붙어 있습니다.

세상에서는 보통 돈을 많이 벌어서 부자가 되면 더 행복할 것이라 믿고 돈만 따라다니며 바쁘게 사는 사람이 많습니다. 그러나 몸의 건강을 돌볼 여유를 갖지 못하고 무리하게 일하다가 건강 잃고, 가정까지 잃고 불행에 우는 사람을 수없이 많이 볼 수 있습니다.

또 권력을 잡으면 더 행복할 것 같아서 수단과 방법을 가리지 않고 권력을 손에 쥐기 위해 애쓰지만 그들이 앉은 권좌가 행복을 주는 자리가 아니라 가시 방석임을 깨닫고 권불십년의 허무하고도 쓰디쓴 인생을 씹고 있는 사람들을 오늘날 우리 주변에서 수없이 많이 볼 수 있습니다.

또한 공부를 많이 해서 박사학위를 받고 지식을 많이 소유하면 행복할 줄로 알고 공부를 많이 해보지만 지식은 머리를 더 번뇌케 할 뿐 결코 더 행복해질 수 없다고 많은 사람들이 고백하는 것을 듣습니다. 예술에 심취하면 더 행복해질까 하지만 행복은커녕 더 실망하고 그 허무한 고통을 처리하지 못해서 자살하는 사람들이 예술가들 가운데 많이 있음을 흔하게 볼 수 있습니다.

'복' 이라면 우리 한국 민족도 세계 어느 민족에 내놓아 둘째가라면 서러운 복 추구의 민족입니다. 그래서 전통적 한국문화를 혹자는 '기복문화' 라고 합니다.

한국적 '복' 의 개념에는 효, 부, 귀, 다남(多男)이 있습니다. 우리 민족이 얼마나 이러한 '복' 에 대한 집념이 강했으면 방문 앞이나 방 천장에 '복' 이라는 글자를 써 붙이고 갈망했겠습니까? 밥그릇, 숟가락, 젓가락에까지 이러한 글자를 새겨서 밥과 함께 '복' 을 먹으며 살아온 자들이 바로 이 백성입니다

이렇게 살아 왔으면 온 백성의 마음 마음마다 행복이 넘쳐 흘러야 할 터인데, 그럼에도 불구하고 세계 문학사상 한국문학만큼 슬

픔과 한(恨)의 눈물에 얼룩진 문학이 없습니다. TV 연속극은 짜는 눈물의 양에 시청률이 정비례하고, 대중가요 가사는 대부분이 '한 많은 대동강, 한 많은 두만강, 한 많은 미아리고개, 울고 넘던 박달재……', 한(恨)은 한(限)도 없고 끝도 없습니다.

밥 먹듯이 복을 먹으며 살아온 우리 백성이 왜 이렇게 한맺힌 백성이 되었을까요? 그것은 근본적으로 우리가 추구해 온 '복'이 우리를 행복하게 해주는 것이 아닌 잘못된 '복' 개념이었기 때문입니다.

최고의 복

바른 의미에서 '복'을 알 때 우리 마음이 행복을 느끼며 행복을 소유할 수가 있습니다. 인간이 구하고 찾아야 할 '복'의 최고봉은 여호와 하나님입니다. 구약성경 시편 16편 2절에는 "내가 여호와께 아뢰되 주는 나의 주시오니 주밖에는 나의 복이 없다 하였나이다"라고 다윗 왕이 고백했습니다. "주밖에는 나의 복이 없나이다!" 참으로 멋있는 축복관입니다.

이 고백을 할 당시의 다윗은 한 국가의 영화로운 왕으로서 절대적인 권력도 있었고 돈도 부귀 영화도 가지고 있었습니다. 그러나 하나님의 종 다윗은 이 모든 것이 다 하나님으로부터 나왔고 하나님의 손에 달려 있음을 너무나도 잘 알고 있었던 사람입니다.

그러므로 하나님은 "복의 근원"(창 49:25)이 되시며 최고의 복이 된다고 고백하고 있습니다.

"주밖에는 나의 복이 없나이다." 여기서 "나의 복"은 히브리 말로 "토바티"인데 이는 아름답고 만족한 행복의 극치로서 "사랑하는 사람과 단둘이 마주 앉아 있는 상태"와 같습니다. '하나님과 내가 단둘이 있는 그 순간' 보다 더 행복한 것이 세상에는 없다는 뜻으로도 해석할 수가 있습니다.

부부생활의 행복이 우리의 육체적, 정신적 행복의 극치라면 신랑 되신 그리스도와 신부인 우리의 신령한 교제가 우리의 영원한 영적 행복의 극치입니다. 주님과 날마다 나누는 신령한 교제에서 느끼는 신비스러운 행복은 우리의 육체가 느끼는 행복에 비할 바가 아닙니다.

남편을 소유한 신부가 행복하듯이 주님을 소유한 우리 성도가 진정으로 '행복한 자' 입니다.

팔복산 축복 성회

'복' 을 추구하는 열심으로는 히브리 민족 역시 우리 한민족 못지 않게 적극적인 데가 있습니다. 복의 근원 되시는 예수 그리스도가 갈릴리로 오신다는 소문이 팔레스타인 일대를 뒤흔들기 시작합니다. 멀리 지중해의 수평선을 내려다 보며 한없이 이어지는 고원

골란고원에서 본 눈 덮인 헐몬산(다볼산 또는 팔복산 이라고도 불린다.)

의 북쪽에는 하얗게 눈 덮인 헐몬산이 웅장하게 그 위용을 자랑하고 있습니다.

　헐몬산이 길게 그림자를 드리우는 갈릴리 호반은 출렁거리는 파도소리와 함께 푸른 꿈을 물들이고 있고, 동편으로는 길르앗 지방의 산들이 판자를 모아 높이 쌓아 올린 것처럼 옹기종기 모여 즐거운 사랑의 대화를 잉태하고 있습니다. 이 티없이 맑은 아름다운 갈릴리의 태고적 하늘 아래서 축복의 산은 갑자기 꿈틀거리기 시작하였습니다. 행복의 오아시스를 찾아 헤매는 갈급한 구도자들을 맞기 위한 태동이었습니다.

　축복의 산은 또한 팔복산이라고도 명명합니다. 팔복은 마치 음악의 팔음계가 신기한 조화를 이루어 행복의 멜로디를 연주하는 것과도 같습니다. 팔복은 산을 사랑하는 사람들이 축복의 산 정상

팔복을 가르친 곳에 세워진 팔복교회

에 오르기 위하여 등산 도중 여기저기에 치는 여덟 개의 베이스 캠프와도 같습니다.

성경상에 기록된 '복'이라는 어원 가운데는 "하나님께 바친다", "예배한다"는 의미가 있습니다. 영어로 '복'이라는 말은 블레싱(Blessing)인데 이 말은 본래 "피의 제사"(blood service)라는 의미가 있습니다. 피의 제사를 드리되 이 성별된 제사, 곧 죄를 사함 받는 제사에서 축복의 의미를 찾았습니다.

진정한 행복은 소유에 있는 것이 아니라 "드리는 것", "바치는 것" 즉 '헌신'에 있습니다. 진정한 행복은 하나님께 바치는 데서 시작됩니다. '행복의 파랑새'는 소유의 이기심에 포로가 된 사람들의 심령으로부터 멀리멀리 날아가 버리는 것입니다. 소유의 철학으로 인생을 사는 사람은 아무리 소유하여도 만족하지 못합니다.

그러나 헌신의 철학에서 행복한 삶을 찾는 사람은 가장 작은 것을 드리고도 말할 수 없이 행복합니다.

남녀 이성간의 사랑에도 내가 그 사람을 차지하려고만 하면, 이러한 사랑의 구도에서는 도무지 행복을 느낄 수가 없습니다. 그러나 나를 희생적으로 그 사람에게 바치고자 할 때 비로소 내 마음에 행복의 강이 흐르는 것입니다. 같은 환경에서도 남자보다 여자가 행복을 느끼는 정도가 더 높고, 행복을 느끼는 정도와 관련해서 평균 수명도 남자보다 여자가 10년 내지 15년이나 더 긴 것도 사랑의 구도에서 여자의 수동적 특성을 말하는 학자들이 있습니다.

에리히 프롬은 "소유 지향에서 존재 지향으로 문화가 바뀔 때에만 인류의 미래가 있다"고 주장하였습니다. 소유의 열정은 인간으로 하여금 욕망의 포로가 되게 합니다. '내가 저이를 나 혼자만 차지해야지' 이것은 욕망의 포로입니다. 그러나 모든 것의 주인이신 하나님을 알고 우리가 가지고 있는 것 전부가 다 그분의 것이고 다만 일시적으로 우리에게 맡겨 두신 것이라는 사실을 알고 그분께 드리는 것을 배우는 순간부터 인간은 놀랍게도 자유를 경험합니다.

참된 예배가 복

히브리어로 축복을 "빠룩"이라 하는데 이 말은 "예배"라는 말과 동의어입니다. 예배의 정신은 바치는 정신, 드리는 정신입니다. 드리는 자에게만 진정한 기쁨이 있습니다. 창세기를 보면 아브라함은 가는 곳마다 예배의 제단을 쌓음으로써 하나님의 복을 받았습니다(창 12:7-8).

오늘날 많은 사람들이 '복'은 원하면서도 하나님께 드리는 예배는 등한히 하는 것을 봅니다. 주일날 좀 고단하다고 예배에 빠지는가 하면, 심지어는 주일에 예배드리러 가는 시간에 낚시, 골프 가는 사람도 있으니 이런 사람이 어찌 하나님의 축복을 기대할 수가 있습니까? 특히 미국엔 연휴가 낀 주일날은 수난절입니다. 미국 문화는 소비 중심의 향락(enjoy) 문화입니다. 이러한 문화 속에서 교회도 세상풍조에 밀려가고만 있습니다.

성도라면 주일에는 무슨 일보다도 예배를 최우선으로 생각해야 합니다. 하나님 중심으로 산다는 말은 곧 예배 중심으로 산다는 말입니다. 어떤 일이라도 예배에 방해가 되거나 지장이 된다면 그 일을 포기해야 합니다.

참된 예배는 성령의 감화와 말씀의 감동이 있어야 합니다. 또한 마음의 감사와 찬송이 필요합니다. 그리고 정성된 예물과 봉사가 있어야 합니다. 우리가 복을 받기 위해서 예배하는 것이 아니라 이미 복을 받았기 때문에 감사 감격하는 마음으로 예배하는 것이며 예배 그 자체가 복이라는 것입니다.

웨스턴 신학대학교 헤셀린크 총장과 함께 행복한 미소를 짓고 있는 필자

행복의 본질

이제 우리는 축복의 산에 오르며 행복의 본질들을 살펴보겠습니다. 산상보훈에서의 복의 개념은 철저하게 행복의 조건이며 인격적인 속성을 가진 것이지 물질적인 속성을 가진 것이 결코 아닙니다.

① 심령이 가난하면
② 애통하면
③ 온유하면
④ 의에 주리고 목 마르면
⑤ 긍휼히 여기면
⑥ 마음이 청결하면
⑦ 화평케 하면
⑧ 의를 위하여 박해를 받으면 행복해질 것입니다.

이 여덟 가지 행복 조건은 철저히 인격적인 것입니다. 이것을 지금까지 교회가 가르쳐 오고 수많은 설교자들이 설교해온 '축복 개념' 곧 세상적인 측면, 물질적인 측면에서 볼 때는 결코 예수님이 말씀하신 놀랍고 위대한 이 역설적인 진리의 말씀이 온전히 이해될 리가 없습니다.

세상 사람들은 많이 가지게 되면 행복하다고 하는데 성경은 마음이 가난하면, 마음이 깨끗이 비어서 세상적인 속된 요소가 없을 때 행복하게 된다고 가르치고 있습니다. 성경의 모든 행복의 내용은 인격적인 것입니다.

"마카리오이"(makarioi), 이 말은 헬라어로 "참으로 행복할지어다"라는 말입니다. 이 말씀은 행복이 소유에 있는 것이 아니고 존재에 있는 것임을 분명히 가르치고 있습니다. 행복은 소유(to have)의 문제가 아니고 존재(to be)의 문제입니다.

둘째로 이 여덟 가지 행복 조건(幸福條件)은 철저히 영적이라는 사실을 우리는 주목해야 합니다. 자연인은 심령의 가난함이나 애통함을 원하지 않습니다. 우리의 자연적인 성향은 온유함보다는 고집을 원하고, 의보다는 자기의 욕망을 원하고, 긍휼히 여기기보다는 복수를 원하고, 청결하기보다는 부패를 더 사랑하고, 평화보다는 전쟁을, 박해받기보다는 타협을 원합니다. 그러므로 성경에서 말하는 이 행복 조건을 자연인은 다 지키기가 거의 불가능합니다. 오직 성령으로 거듭난 사람, 성령의 능력에 의하여 살아가는 사람들만이 추구할 수 있는 행복입니다. 이러한 사람들에게 주님은 말씀하십니다.

"참으로 행복할지어다!" "마카리오이!"

그렇다면 그리스도인들이 보다 잘 살기 위하여 좋은 직장을 찾고, 자녀들을 더 잘 교육시키고, 주위 환경이 더 좋아지기를 갈망하는 소박한 인간적 행복 추구 집념이 가지는 것이 잘못된 것입니까? 이에 대한 대답이 마태복음(6:33)에 있습니다.

> "너희는 먼저 그의 나라와 그의 의를 구하라 그리하면 이 모든 것을 너희에게 더하시리라"

우리가 먼저 구할 것을 먼저 구할 때 주님은 "그 사람에게 진정한 행복이 있도다"라고 말씀하십니다. 우선순위(priority)가 매우 중요합니다. 그러므로 우리는 이렇게 구해야 할 것입니다.

"주여, 제가 무엇보다도 먼저 주님이 원하시는 사람이 되기를 원합니다. 거룩한 성령님이여, 저를 변화시키시어 주님을 닮은 피조물이 되게 하여 주시고 그리스도의 광채가 저를 통해 나타날 수 있도록 인도해 주소서."

받은 복을 누리는 것이 행복

우리는 누구나 다 복 받기를 원합니다. 하나님께서는 우리에게 복을 주기를 원하십니다. 하나님은 엿새 동안 천지 만물을 창조하시고 맨 마지막에 자기 형상대로 사람을 창조하신 후에 생육하고 번성하고 땅에 충만하고 땅을 정복하라고 축복하셨습니다.

노아를 축복하시고 아브라함을 축복하시고 아브라함을 통한 그 후손 이스라엘을 축복하셨습니다. 아브라함을 복의 근원이 되게 하시고, 이스라엘 민족을 선택하셔서 그 민족 가운데서 그리스도를 보내셨으니 이스라엘은 누구보다도 먼저 복을 받은 자들입니다.

그런데 우리가 복을 받는 것도 중요하지만 보다 더 중요한 것은 받은 복을 잘 누리는 것입니다. 이스라엘 민족은 하나님으로부터 가장 먼저 복을 많이 받았지만 그 받은 복을 누리지 못한 자들이 되었습니다.

여러분은 이 세상에서 가장 큰 복을 받은 자들입니다. 영생의 복을 받은 자들입니다. 형통의 복을 받은 자들입니다. 승리의 복을 받은 자들입니다. 복 되신 예수 그리스도를 선물로 받은 자들입니다. 예수 그리스도를 소유하고 예수 그리스도 안에서 날마다 신비의 교제를 나누며 살아가는 자들입니다. 이러한 저와 여러분에게 주님이 주시는 평강과 기쁨이 넘쳐 흐르는 날마다의 행복한 삶이 되기를 예수 그리스도 이름으로 축복합니다.

2장

허심자虛心者의 행복

THE HAPPINESS
THE POOR IN SPIRIT

••• 마태복음 5장 3절 •••
심령이 가난한 자는 복이 있나니
천국이 그들의 것임이요

행복산 등반의 베이스 캠프

　미국 캘리포니아 주 밴나이스에 있는 미국 10대 교회 설교자 중의 한 분인 존 맥아더(John MacArthur) 목사는 그의 저서 《하나님 나라》(Kingdom Living)에서 "심령이 가난한 자의 복"을 "자기 자신이 아무것도 아닌 자라고 깨닫는 자의 행복"(the happiness of a nobody)이라고 했습니다.
　자기 자신을 무슨 대단한 존재로 생각하는 사람을 '썸바디'(somebody)라고 하는데 행복 조건 첫 번째 탈락자가 '썸바디' 곧 심령이 가난하지 아니한 자입니다. 이런 자를 교만한 자라고 합니다. 교만한 자는 스스로 남과 구별되게 생각하는 소위 '왕자병'이나 '공주병' 증세가 있는 사람입니다. 남을 배려할 줄 모르고 자기만 아는 이기적인 사람, 독선적인 사람, 타협이 없고 관용을 베풀 줄 모르는 사람입니다.

교만 중에 가장 무서운 교만은 영적 교만입니다. 하나님을 무시하고 하나님의 말씀을 다 안다고 하면서 스스로 지키지 아니하던 바리새인들의 교만을 예수 그리스도께서 여러 차례 질타하신 것은 이 때문입니다. "교만은 패망의 선봉"이라고 잠언 기자는 말하고 있습니다.

행복산 풍경

1912년 4월 14일 영국의 리버풀 항구를 출발해서 미국의 뉴욕으로 향하던 46,000톤 급의 세계 최대 호화 여객선인 타이타닉(Titanic) 호에는 2,200명의 승객이 타고 있었습니다.

그들은 당시 최고의 기술로 세계 최대의 크기로 최고 화려하게 만든 최신형 여객선을 탔다는 자만심과 거만함과 사치스러움에 들떠서 거의 매일 계속되는 선상 파티에서 먹고 마시며 웃고 춤추며

즐기고 있었습니다. 그때 선장 에드워드 스미스(Edward Smith)에게 본국으로부터 "빙산에 주의하라"는 전보가 왔습니다. 선장은 거만한 자세로 승객들을 안심시키는 말을 했습니다.

타이타닉 호 침몰 사고 현장에서 실제 살아 남은 생존자가 그 때의 참상을 회고하고 있다.(영화 타이타닉에서)

"여러분, 걱정하지 마십시오. 이 거대한 배가 그 따위 빙산에 염려할 것 없습니다."

그후 5회 거듭 "빙산을 주의하라"는 경보가 왔습니다. 그러나 선장은 그 경보를 무시하고 시속 22노트로 계속 질주했습니다. 잠시 후에 갑자기 거대한 빙산이 위험한 위치에 불쑥 나타났고 배가 방향을 바꾸기에는 상황이 이미 늦어버렸습니다. 배는 두 동강이 났고 1,515명이 목숨을 잃고 배는 침몰해 버렸습니다. 선장이 만일 그렇게 교만하지 아니하고 빙산 주의경보에 조금만 관심을 가졌더라면 이런 거대한 참사는 방지할 수 있었을 것입니다. 교만이 패망의 원인임이 확실합니다.

기독교는 역설의 진리

기독교 진리는 역설의 진리입니다. "이 세상의 모든 풍요를 가짐이 복이 아니라 심령의 가난이 복이다"라는 말이나 "죽고자 하는 자만이 살리라"는 말은 역설적 진리의 표현입니다.

이순신 장군이 다 부서지고 남은 12척의 배를 가지고 130척의 일본 적선들을 맞아 싸우러 나가려고 하였습니다. 이때 그는 무엇보다도 먼저 겁에 질려 어떻게 해서라도 탈영하여 자기 하나의 목숨이라도 건져보려는 생각 이외에는 아무런 관심도 없는 조선의 패잔병들을 모아 놓고 심령 폐부를 찌르는 그 자신의 비장한 결심

한마디를 선포했습니다. 출전 명령 직전에 그가 내린 유명한 한마디가 바로 산상보훈에서 예수 그리스도가 제자들과 모인 군중들에게 하신 바로 그 말씀이었습니다. 병사들은 죽기를 결단하며 싸웠고 명량해전에서 전세는 그 말씀대로 이루어졌습니다.

캘리포니아 유니온 신학대학교 총장 이정근 박사는 이를 두고 이순신 장군이 그리스도인이었을 가능성을 강하게 역설한 칼럼을 미주 크리스천 신문에 실었습니다. 필자는 이보다 훨씬 전인 1980년대 초부터 대학교에서 중국 당나라에 전파된 경교 선교(the Nestorian mission)에 대해 강의하던 중 성령의 뜨거운 영감에 이끌려 이순신 장군뿐만 아니라 세종대왕에게까지도 기독교 복음의 접촉이 있었을 가능성을 역설한 적이 있습니다.

필자는 이때 한반도에도 복음이 전파되었을 충분한 가능성을 몇 가지 역사적 증거 자료들과 중국 대륙에는 당 태종 때 이미 기독교를 받아들이고 국가적 지원까지 하고 있던 상황에서 당시 신라와의 국제적 관계나 지리적 접근성, 그리고 논리적 타당성을 따라서 한반도에는 통일신라 시대나 늦어도 고려 시대에는 이미 기독교 복음이 들어와 있었다고 보아야 한다고 주장하였습니다.

다만 그 복음이 민족의 세계관 변화(worldview change)에까지 지속적으로 영향을 미치지 못하고 토착문화와 전통종교들에 억눌려서 지하로 스며들어 오랜 세월 표면적 문화에서는 사라져버린 듯이 내려오다가 '때가 차매' 민족의 수난과 함께 복음의 꽃을 피웠다는 새로운 이론을 필자의 논문 "역동적 성장 이론"(Dynamic Growth Theory)에서 주장했습니다.[1]

복음은 원래 전파하는 자가 없이는 듣지 못하게 되어 있습니다 (롬 10:13-15). 세계 선교역사상 어느 민족이나 어느 곳이나 전파하는 자가 없이 복음이 들어간 곳은 단 한 군데도 없습니다. 그런데 민경배 교수는 "독특하게도 단 한 곳 예외가 있는데 한반도의 기독교 복음 선교역사"라고 말합니다. 그의 저서 《한국교회사》에서 "한반도만은 해외에서 선교사가 도착하기 이전에 이미 복음이 들어와 있었고 이 복음은 외부에서 선교사들이 전해 준 것이 아니고 우리 민족 스스로 받아들인 것이고 그래서 우리 민족은 독특한 민족"이라 하는 그의 주장을 우리는 사실로 믿어 왔습니다.

그러나 필자는 그의 주장이 사실이 아니라고 생각합니다.

그의 주장이 잘못되었다고 말할 수 있는 이유는 첫째, 성경이 그렇게 말하고 있지 아니하기 때문이고, 둘째, 세계 선교역사상 그러

---

[1] 역동적 성장 이론(Dynamic Growth Theory): 필자의 박사학위 논문의 주요 골자를 이루는 이론입니다. 500페이지가 넘는 학술논문을 짧은 수필문의 일부에서 다 설명할 수는 없으나 복음이 새로운 문화로 전파되어 뿌리를 내리고 성장해가는 데는 성경적인 원리와 법칙이 있는데 이것은 세계 선교의 역사에서 보여주는 역사적 사실에서 증명이 된다는 것입니다. 이것을 한반도에서 복음이 토착화되고 성장해가는 과정에서 증명해 보인 것입니다. 여기서 필자는 복음이 토착문화에 전파되어 뿌리를 내린 후에 성장해 가는 과정에는 먼저 "성령역사 요인(H), 성경번역 요인(T), 지도력 요인(L), 전략 요인(S)에는 정비례해서 성장하고, 환경 요인(E)에는 역비례한다"는 이론을 $G=f(HTLS/E)$로 도식화했습니다.

한 예가 다른 곳에는 없기 때문입니다. 그러므로 이 땅에 전해진 복음의 씨앗도 오랫동안 땅 속에 묻혀 있다가 한 번씩 빗물과 햇볕을 만날 때마다 싹이 나고 줄기가 자라나지만 돌짝밭, 가시밭에서 곧 시들어 버린 것입니다. 그러다가 마침내 옥토(필자의 '역동적 성장 이론'에서 환경요인 E)를 만나서 드디어 20세기 말의 선교역사상 기적적인 교회 성장의 꽃을 피운 것입니다(마 13장, 막 4장).

지금부터 약 3천 년 전 토기 항아리에 담겨 내려온 콩을 땅에 심고 물을 주었더니 놀랍게도 거기서 생명을 가진 새싹이 나왔다는 기사를 얼마 전에 읽은 기억이 있습니다. 오래 전 이 땅에 던져진 복음의 씨앗도 그와 같은 것입니다.

오랫동아 땅 속에 묻혀 있다가 세종대왕과 이순신 같은 성군, 성웅들에게서 복음의 싹이 돋아난 것이 아니었을까 추정해 볼 수 있는 충분한 가능성은 그들이 직접 쓴 글 가운데 "훈민정음 서문"이나 "난중일기" 중 일부만 읽어보아도 알 수 있습니다. 거기에는 백성을 사랑한 그들의 눈물겨운 마음이 드러나 있는데 마치 하나님께서 죄인 된 우리 인간을 사랑하신 것과 동일한 사랑을 충분히 느낄 수가 있습니다. 다만 그들은 특수한 신분과 그들을 둘러싼 특수한 환경 때문에 전통 관습을 과감히 뒤엎고 깨버리지 못해서 그렇지, 그들의 삶과 정신은 분명히 훌륭한 그리스도인의 삶이요 그리스도가 가르쳐 주신 정신을 그대로 지킨 것이었습니다.

마음이 가난한 자가 얻는 복은 '행복'이라는 인생의 문을 여는 만능 열쇠(master key)와 같은 것입니다. 흔히 '산상수훈' 또는 '산상보훈'이라고 널리 알려진 본문은 구원의 예정이나 계획을 말씀한 것이 아니고, 구원받은 자가 누리는 행복에 대해서 예수 그리스도가 강론하시는 '하나님 나라 선포의 첫 시작'이라는 점에서 큰 의미가 있습니다.

이 첫 번째 복은 마치 '도, 레, 미, 파, 솔, 라, 시, 도' 8음계의 기본음 '도'에 해당한다고 비유로 말할 수 있으며, 높은 산을 등반하면서 치는 8개의 캠프 중에 맨 아래 첫 번째 베이스 캠프로 비유할 수도 있습니다.

"마음이 가난한 자는 복이 있나니, 천국이 저희 것임이요", 이 말씀을 중국어 성경에서 찾아 보았더니 "虛心者, 福矣, 因天國乃其國也, 허심자 곧 마음이 텅텅 비어 있는 자는 복이 있다"라고 했습니다. 심령이 가난하다는 말을 정확히 이해하기란 쉬운 일이 아닙니다.

새 국제역 영어성경(NIV)과 개역 표준역 영어성경(RSV)에는 "복 있도다 영이 배고픈 자여!"(Blessed are the poor in spirit)라고 되어 있고, 좋은 소식 성경(Good News Bible)에는 "자기가 영적으로 가난하다는 것을 아는 자는 행복한 자들이다"(Happy are those who knows they are spiritually poor)라고 각각 번역이 되어 있습니다.

가난을 우리는 복이라 할 수가 없습니다. 누가 가난한 사람이 복이 있다고 하겠습니까? 성경에도 물질적 가난을 복이라 하지는 않았습니다.

> "네가 네 하나님 여호와의 말씀을 청종하면 이 모든 복이 네게 임하며 네게 이르리니 성읍에서도 복을 받고 들에서도 복을 받을 것이며 네 몸의 자녀와 네 토지의 소산과 네 짐승의 새끼와 소와 양의 새끼가 복을 받을 것이며 네 광주리와 떡 반죽 그릇이 복을 받을 것이며 네가 들어와도 복을 받고 나가도 복을 받을 것이니라"(신 28:2-6).

이 말씀은 가난이 복이 아니라 모든 것이 잘 되고 부유하게 되는 것, 윤택하게 되는 것을 복이라고 했습니다.

또 시편 128편을 보면 "여호와를 경외하며 그의 길을 걷는 자마다 복이 있도다, 네 손이 수고한 대로 먹을 것이요, 네 행하는 모든 일이 형통하리라"고 하였는데 여기서는 가난이 복이라고 하지는 않았고 잘 사는 것을 복이라고 했습니다. 그런데 누가복음 6장 20절에서 "너희 가난한 자는 복이 있다"고 한 것은 심령의 상태를 말하는 것입니다. 마음이 가난해야 한다는 것입니다.

이 세상의 행·불행의 모든 문제는 전부 다 마음의 문제입니다. 누가복음 17장에서는 "천국이 여기 있다 저기 있다 할 것이 아니라 너희 안에 있다"고 했습니다.

그렇다고 해서 이 말은 종말에 우리가 영원히 영광 가운데 살아

갈 객관적인 천국을 부인한 것은 아닙니다. 이 '미래에 오는 천국'은 '지금 여기' 마음의 천국으로부터 시작되어야 한다는 말씀입니다. 마음에 천국이 이루어지지 못한 자가 이 다음에 오는 천국에 들어가지 못한다는 말씀입니다. 나무와 돌로 지은 집이 있기 전에 건축자의 마음에 설계된 그 집이 있어야 하는 것처럼 마음의 천국이 장차 실현될 천국의 그림자인 것을 말하고 있습니다.

예수님은 바리새인들의 위선적 형식주의 종교에 대해서 마음의 문제를 강조했습니다

요한복음 3장에는 니고데모의 이야기가 나옵니다. 그는 유대인 관원이요 랍비였습니다. 높은 지위와 학식과 부를 가진 자였음에도 불구하고 무명의 나사렛 청년 예수님 앞에 나와서 인생의 중요한 물음을 던질 만큼 그는 마음이 가난하였습니다.

아리마대 요셉은 물질적으로는 큰 부자였습니다. 그러나 그는 자기의 사후를 위해서 준비해 두었던 무덤에 주님의 시신을 받아들일 만큼 마음을 텅텅 비웠습니다.

마음이 가난하다는 것은 물질의 가난과 일치하지는 아니합니다. 물질이 많은 부자라도 마음이 가난한 사람이 있는가 하면 물질적으로는 가난해도 마음이 매우 부자인 교만한 사람도 있습니다.

옛날 한국의 양반이라는 사람들, 소위 말하는 '양반의 오기' 같은 것은 참 우습습니다. 냉수 한 그릇 마시고도 밖에 나가서는 이 쑤시개로 이를 쑤시면서 갈비 뜯어 먹은 시늉을 합니다. "양반은

물에 빠져 죽을망정 개헤엄을 치지 아니한다"는 말도 있습니다.

둘째로 마음이 가난하다는 것은 심지가 약하다는 것을 가리키는 것이 아닙니다. 가난한 마음을 생각할 때 곧 연상되는 이미지는 쉽게 놀라며, 빨리 비굴해지거나, 매사에 부정적인 사람입니다. 혹은 내성적이며 의지가 연약한 사람을 생각할 수 있습니다. 그러나 성경이 말하는 가난한 마음을 가진 자는 이런 사람들이 아닙니다.

도마는 예수님의 제자들 중에 가장 내성적인 사람, 부정적인 마음을 가진 사람, 가장 소극적인 성격의 소유자였습니다. 그런데 이 도마는 상당히 마음이 부유했던 사람입니다. 그는 교만하였습니다. 예수 그리스도의 부활 사건에 대해서 도마는 선입관이 그 마음 속에 꽉 차 있었습니다. 자기의 조그마한 지식으로는 "사람이 죽으면 다시 살 수 없다"는 상식적인 기존의 선입관과 철학 때문에 부활의 메시지를 받아들일 가난한 심적 여백이 그에게는 없었습니다. 그는 마음이 가난하지 못했습니다. 그는 심지는 약했지만 마음은 가난하지 못했습니다.

가난한 이 마음은 억지로 꾸며진 겸손으로 치장할 수는 없었습니다. 이것은 외식이지 겸손이 아닙니다. 바울은 골로새서에서 "누구든지 일부러 겸손함과 천사 숭배함을 인하여 너희 상을 빼앗지 못하게 하라"(골 2:18) 하면서 골로새 교인들을 권면하였습니다.

겸양지심(謙讓之心)이 가난한 마음

그러면 가난한 마음은 어떤 마음입니까?
첫째, 겸손한 마음입니다.
성 어거스틴이 하루는 이런 질문을 받았습니다.
"그리스도인의 최고의 덕이 무엇입니까?"
어거스틴은 "겸손"이라고 대답했습니다.
"그러면 두 번째 덕은 무엇입니까?"
어거스틴은 "그것도 겸손"이라고 대답했습니다.
"그러면 세 번째 덕은 무엇이라고 생각하십니까?"
그것도 "겸손"이라고 대답했습니다.
"그러면 겸손의 반대는 무엇입니까?"
"교만입니다."
"교만이란 무엇을 말하는 것입니까?"
"나는 지극히 겸손하다고 생각하는 것입니다."

이것은 교만의 본질에 대해서 알려진 유명한 일화입니다. 앤드류 머레이(Andrew Murray)는 "자신이 겸손하다고 생각하는 그 순간 그 사람은 이미 겸손을 잃어버린 것이다"라고 했습니다.
가난한 마음은 하나님께서 내리시는 우리에 대한 평가를 우리가 그대로 수용하는 마음으로서 곧 겸손한 마음입니다.

말구유에 누이신 아기 예수님은 그리스도의 비하의 신분
곧 겸양지덕의 극치를 보여준다.

가난한 마음을 갖기를 원하십니까?

하나님의 안목으로 자신을 바라보십시오. 성경 말씀의 밝은 빛으로 자신을 조명해 보십시오. 성경 말씀의 맑은 거울 앞에 자신을 한번 비추어 보십시오. 거기에 비친 자신의 추한 모습, 영적으로 헐벗은 모습을 바라보면서, 천사들의 찬송소리 속에서 밝게 비치는 주의 영광 앞에 완전히 압도당하여, 땅바닥에 엎드려 외치는 이사야 선지자처럼, 자기 자신은 죄인이라고 진실하게 고백하는 사람은 하나님 앞에서 겸손한 사람이요 마음이 가난한 사람입니다.

　신약성경에는 또 하나님을 만난 한 사람의 체험담이 묘사되어 있습니다. 디베랴 바다에서 밤이 새도록 그물질하던 베드로는 밤 새도록 고기 한 마리 건지지 못하고 허탈한 상태에서 아침을 맞이하여 그물을 씻고 있었습니다. 이때 어떤 분이 다가와서 "깊은 곳으로 가서 그물을 던져보아라" 하였습니다. 그는 나사렛 목수 출신 예수였습니다.
　갈릴리 호수에서 오랜 세월 동안 그물질로 잔뼈가 굵어온 베드로의 상식으로는 아침이라는 시간적 조건이나, 그가 지시하는 수심이 깊은 곳이라는 공간적 조건이나, 또한 지칠 대로 지쳐 있는 상황적 조건으로 볼 때 이제 나가서 그가 말하는 곳에 그물을 던져

웨스트민스터 신학대학원 J. E. 아담스 박사와 필자가
겸양지심을 주제로 담화를 나누고 있다.

보았자 많은 고기를 잡을 것이라는 말은 전혀 신빙성이 없는 듯 보였습니다.

  그러나 말로는 설명할 수 없는 그 어떤 신비스런 힘에 이끌린 베드로는 그가 말한 그대로 갈릴리 호수 한가운데 가서 그물을 던졌습니다. 그 순간 기적이 일어났습니다. 그물이 너무 무거워서 들어 올릴 수 없을 정도로 고기가 그물 속으로 몰려 들어왔습니다. 그 기적에 놀란 베드로는 소리칩니다.

  "주여, 나를 떠나소서. 나는 죄인입니다."

  병자의 병이 나을 때 갑자기 '명현반응'이라는 이상한 반응이 몸에 일어나듯이 베드로는 갑자기 예수님 앞에 엎드려 부들부들 떨면서 자기가 지은 온갖 죄를 생각하면서 용서해 달라고 빌었습니다.

  '바닷속 깊은 곳의 비밀을 아시는 저분은 여간 평범한 인간이 아니다.'

  순간 베드로는 인간 예수와의 단순한 만남이 아니라 이 우주 천지만물의 창조주이신 전지전능하신 하나님과의 만남의 사건 앞에 갑자기 자신이 노출된 것을 알았습니다. 이런 하나님과의 만남의 체험을 가진 베드로와 같은 사람들의 삶은 달라지기 시작합니다. 표정이 달라집니다, 말씨가 달라집니다, 행동이 달라집니다, 이들이 가는 곳마다 주위 분위기가 달라집니다.

수용지심(受容之心)이 가난한 마음

둘째, 치료를 받아들이는 마음이 가난한 마음입니다.

부족한 제가 어떤 형편이 어려운 신학대학원에 다니는 전도사님 한 분을 도와온 일이 있습니다. 그 사람의 자존심을 건드리지 않기 위해 오른손이 하는 일을 왼손이 모르게 무척 애를 썼습니다. 추운 겨울이면 내게 있는 것에서 더 이상 줄 것이 없을 때는 입고 있던 옷까지 벗어주면서 도와주고 사랑해 주었습니다. 그런데 어느 날 이 전도사님 왈, "목사님, 이것을 받기에는 저의 자존심이 허락되지 않습니다"라고 했습니다. 자기의 어려운 상태는 발견하였지만 남의 도움을 받으려고 하지 않는 사람도 교만한 사람입니다.

자존심이 강할수록 남의 도움을 받지 않습니다. 남의 도움을 받지 않으려고 하는 자존심도 죄입니다. 육신이 병든 자가 의원을 찾아가야 하듯이 영적으로 병든 우리가 하나님의 도우심을 거절하는 것은 무서운 교만입니다. 가난한 마음이란 밖으로부터 오는 도움을 겸손히 받아들일 줄 아는 마음입니다. 하나님의 치료를 수용할 줄 아는 마음입니다.

나아가서는 우리를 향하신 하나님의 기대에 응할 줄 아는 마음이 가난한 마음입니다. 보잘것없는 저와 여러분을 하나님께서 붙들어 두셨을 때 그는 우리에게 기대를 겁니다. 그 기대에 응해서 우리의 삶을 그에게 맡기며 그의 돌보심 안에서 새로운 삶을 만들어 갈 줄 아는 것이 가난한 마음입니다.

혈기 많은 변덕꾸러기, 쉽게 요동하고 항상 불안한 성격의 소유자였던 연약한 베드로를 향하여 "너는 장차 게바('반석: peter'이라는 의미)가 되리라"고 요한복음 1장 42절에서 주님이 말씀하셨습니다. 이것은 주님의 기대로서 베드로는 그 말씀을 마음에 든든히 심고 하나님의 기대를 겸손히 받아들였습니다.

그러면 심령이 가난한 자가 받는 복은 어떠합니까? 마음이 가난한 자는 천국에 들어가는 복을 받습니다. 천국이 어떠한 곳입니까? 천국의 의미는 장소적 의미와 통치적 의미가 있는데 여기서 천국은 둘 다를 포함하는 이중적 의미를 다 가지고 있습니다.

천국은 곧 하나님의 주권이 미치는 영역입니다. 하나님은 전 우주를 다스리지만 그중에 어떤 부분은 그의 통치권을 행사하지 아니하는 곳이 있습니다. 나사렛에서는 사람들이 예수님을 받아들이지 아니했기 때문에 주님도 그곳에서는 기적을 행사하기를 거절하셨습니다.

지금도 우리가 주님을 영접하지 아니하면 성령님이 우리 안에 들어오실 수가 없습니다. "영접하는 자 곧 그 이름을 믿는 자들에게는 하나님의 자녀가 되는 권세를 주셨으니……"라고 성경은 말하고 있습니다. 우리가 예수님을 우리의 구주로 영접하고 그 이름을 믿는 자들이 될 때 주님은 우리를 자녀로 삼아주시고 우리 안에 들어오셔서 우리와 함께 먹고 마시는 교제를 유지하시는 것입니다.

우리의 '마음문'은 세상 문과는 달리 문고리가 안으로만 달려 있어서 안에서 열지 아니하면 그 누구도 밖에서는 열 수가 없습니다.

"내가 문 밖에 서서 두드리노니 누구든지 내 음성을 듣고 문을 열면 내가 그에게로 들어가 그와 더불어 먹고 그는 나와 더불어 먹으리라"(계 3:20).

마음 문을 여십시오. 그리하면 주님이 들어가셔서 여러분의 마음과 가정과 이 교회를 다스려 주십니다. 그리하여 주의 영광이 낮의 해같이 비칠 때 주님이 영광을 받으십니다.

3장

거룩한 슬픔은 행복의 씨앗

HOLY SORROW IS THE SEED OF HAPPINESS

••• 마태복음 5장 4절 •••
애통하는 자는 복이 있나니
그들이 위로를 받을 것임이요

개만도 못한 인간들이 있어 슬픈 세상

일본 동경 시부야 역전에 세워진 충견 하치코 동상

일본 동경 시부야 역 광장에 세워져 있는 한 마리의 '개 동상'은 그 앞을 지나가는 수많은 행인들의 발걸음을 멈추게 합니다. 집 나간 후 오랫동안 돌아오지 않고 있는 주인을 개가 기차역 앞에 나와서 기다리다가 추위와 굶주림 때문에 죽었습니다. 그 개의 주인을 향한 아름다운 절개를 기리어 많은 사람들이 모금해서 세운 동상입니다. 사람들은 이 동상을 보면서 세상에는 개만도 못한 인간들이 많이 있음을 한탄합니다.

그러나 우리는 역사 이래 지금까지 개나 돼지가 슬퍼하거나 애통의 눈물을 흘렸다는 말을 들어 본 적이 없습니다. 봄철에 밤새워 우는 소쩍새는 그 목에서 피가 솟아날 정도로 애처롭게 슬피 우는데 자연친화적 옛 시인들은 이 울음을 "님 그리워 애통해 하는 울음"이라고 표현합니다. 밤이 새도록 그리고 목으로 피를 토하며 울어대는 소쩍새의 울음의 성격을 님 그리운 애통이라고 본 것은 시적 미학에서 말하는 '시인의 감정 이입'이지 소쩍새 자신의 정서 활동이 그렇다는 것은 아닙니다.

그러나 하나님의 형상대로 창조된 인간에게는 거룩한 슬픔이 있습니다. 인간은 하나님의 의(義) 때문에 슬퍼할 줄 아는 존재입니다. 하나님의 의 때문에 슬퍼하는 자에게 복이 있습니다. 이 슬픔은 하나님이 기억하는 거룩한 슬픔이기 때문입니다. 거룩한 슬픔은 행복의 열매를 맺게 해주는 씨앗입니다.

적절한 슬픔

다윗은 하나님의 의 때문에 슬퍼하는 자였습니다. 시편 42편 3절을 보면 "사람들이 종일 나더러 하는 말이 네 하나님이 어디 있느뇨 하니 내 눈물이 주야로 내 음식이 되었도다"라고 하였습니다. 다윗의 슬픔은 신앙적인 애통이요 그의 눈물은 의의 눈물이었습니다. 하나님이 없다고 하는 자들 곧 불신자들을 생각할 때 그들의 영혼이 불쌍해서 흘리는 눈물 곧 애통의 눈물이었습니다.

사도 바울

사도 바울이 사도행전에서 "내가 삼 년이나 밤낮 쉬지 않고 눈물로 각 사람을 훈계하던 것을 기억하라"(20:31)고 쓰고 있는 것으로 보아 사도 바울의 눈에도 애통의 눈물이 마를 사이가 없었던 것을 알 수 있습니다. 애통의 눈물은 감정의 눈물이 아니요 분노의 눈물이 아니요 배우들의 연기의 눈물이 아닙니다. 애통하는 자의 눈물은 십자가의 사랑에서 흘러나오는 회개의 눈물입니다.

요한 칼빈은 이 부분을 이렇게 주석하고 있습니다.

"자기 자신의 죄와 죄로 억압당하고 고통 받는 자들을 위해서 가슴이 부서져 내리는

"Rene Bovvin 작 칼빈의 금속 초상

(broken heart) 아픔을 느끼는 사람은 이러한 슬픔이 지나면 반드시 하나님이 주시는 참 기쁨을 맛볼 것이기 때문에 이러한 사람이 참으로 행복한 사람이다."

부적절한 슬픔

어느 교회 새벽기도회 때 목놓아 슬피 울면서 "하나님 도와주세요, 하나님 도와주세요"만 되풀이하면서 기도하던 어떤 할머니가 있었습니다. 기도를 마치고 돌아가던 담임목사님이 "할머니, 무슨 일이라도 있으세요? 말씀해 주시면 기도로 도와드리겠습니다"라고 했더니 할머니 왈, "어젯밤 텔레비전 연속극에서 준구가 나쁜 놈들한테 죽게 되었잖아요. 하도 불쌍하고 안타까워 하나님께서 그 준구를 좀 도와주시라고 기도했어요." 이것은 웃지 못할 부적절한 슬픔입니다.

사무엘하 13장에는 자신의 정욕을 만족시키지 못하여 슬퍼하는 암논의 이야기가 나옵니다. 암논은 그의 누이 다말과 동침하고 싶어서 병이 나기까지 슬피 울며 애통하였습니다. 열왕기상 21장에서는 가난하고 힘없는 이웃 나봇의 포도원을 가지지 못하여 침상에 누워 얼굴을 돌리고 슬퍼하는 아합 왕의 부적절한 슬픔을 발견하게 됩니다.

또한 우리 주변에서 수많은 사람들이 부적절한 슬픔을 버리지 못하고 있는 안타까운 현실에 직면할 때가 많습니다. 얼마 전에 실제 있었던 사건입니다. 남편과 금슬이 좋았던 부인이 7년 전에 죽은 남편의 시체를 집에 보관해 오다가 경찰에 발각된 사건이 있었습니다.

명문대학 약학과를 졸업하고 자영 약국을 경영하는 독실한 기독교인인 아내는 심장마비로 갑자기 죽은 남편의 사망 사실을 숨긴 채 평소 믿고 있던 부활신앙을 남편에게 적용해서 언젠가는 남편이 나사로와 같이 죽음에서 살아날 것을 믿었다고 했습니다. 그래서 그녀는 시체가 부패되지 않도록 약품 처리해서 살아 있을 때와 같이 7년 동안 그 시체 옆에서 잠자리를 함께 하면서 지내왔다는 것입니다.

남편의 죽음을 현실로 받아들이지 못하고 오랜 세월 세상과 담을 쌓고 자기 안에 갇혀 슬픔 속에 잠겨 지내온 것은 부적절한 슬픔입니다.

행복의 연결고리

앞장에서 "마음이 가난한 자는 행복한 자"라고 했는데 여덟 가지 행복 중 첫번째 행복인 '마음 가난의 행복'을 통해서 일곱 가지 행복이 연결되도록 이루어져 있습니다. 마음이 가난한 자가 되면 자연히 현재의 상황에 대해서 거룩한 슬픔을 가지게 된다는 말씀입니다. 심령이 가난한 그 마음속에서 십자가 사랑의 고귀한 눈물이 솟아납니다. 죄로 멸망해 가는 자들을 향한 예수 그리스도의 심령, 가난한 그 마음은 거룩한 눈물의 샘이 되었습니다. 이 샘에서 나오는 눈물이 성령의 생수가 되어 흘러 내립니다.

요한복음(7:37-38)을 보면 "배에서 생수의 강이 흘러나리라"고 되어 있는데 '배'란 헬라(Hella) 원어 성경을 보면 그 의미가 '여자의 자궁'과 같은 뜻으로 쓰이고 있습니다(마 19:12; 눅 1:15). 여인의 자궁이라고 하면 해산의 고통을 뜻합니다. 해산의 고통이 있은 후 출생의 기쁨이 있듯이 죄의 애통이 있은 후 행복이 충만한 새사람이 탄생되는 것입니다.

마태복음 5장 4절의 '애통'이라는 단어는 헬라어로 '펜툰테스'(penthountes)인데 이 말은 신약성경에서 슬픔이나 비탄 등의 정서를 표현하는 9가지 단어 가운데 그 정도가 가장 심하고 고통스러운 슬픔을 표현할 때 쓰는 말입니다. 70인역 헬라어 구약성경(Septuagent) 창세기 37장 34절을 보면, 이 말은 사랑하는 아들 요셉이 죽었다는 말을 들었을 때 야곱의 고통스러운 상태를 표현하는 데 쓰였습니다. 마음에 극한의 고통을 가져다 주는, 감추려야 감출 수 없는 비탄과 비통한 슬픔이 있는 자에게는 하나님의 위로가 있다는 성경 메시지입니다.

아랍 속담에 "항상 햇빛만 비치는 곳은 사막이 된다"(All shines

make a desert)라는 말이 있습니다. 곡식이 열매를 맺고 과일이 익어가는 데는 햇빛이 없으면 안 되지만 햇빛이 좋다 해서 비가 오지 아니하고 계속 햇빛만 쪼이는 곳에는 식물이 살 수 없는 쓸모없는 땅 사막이 되어 버립니다.

우리는 역경과 슬픔을 통해서 두 가지 교훈을 배웁니다.

첫째, 나의 역경과 슬픔을 통해서 이웃의 진정한 사랑을 깨달을 수 있습니다. 진실된 이웃은 내가 어려울 때, 내가 역경에 처해 있을 때 나를 붙잡아 주고 도와 주고 사랑을 베풀어 주는 이웃입니다.

둘째, 하나님의 진정한 위로와 격려를 받을 수 있습니다. 우리가 역경과 슬픔에 처해 있을 때 예수님께서 우리의 힘이 되어 주시고 위로가 되어 주십니다. 오늘날의 쾌락 지상주의, 물질 만능주의는 우리로 하여금 슬픔을 고의적으로 잊게 하고 인위적으로 망각하게 합니다. 그 결과 우리 모두를 하나님의 사랑에 대한 불감증 환자로 만들어 버립니다.

영적 애통

산상수훈의 애통은 철저하게 영적인 애통을 의미합니다. 영적 애통이란 이 세상적인 물질의 궁핍이나 부족, 사업의 실패, 인간관계의 사별, 이별 등에 대한 애통이 아니라 나의 영혼의 상태와 나의 배우자, 가족, 친지, 이웃 또는 내 기도에서 날마다 만나는 모든 사람들의 영적인 비참한 상태를 바라보면서 애통해 하는 것입니다. 죄 때문에 멸망으로 가고 있는 그들의 영혼을 응시하면서 애통해 하고 마음이 부서지도록 아파하는 상태를 말합니다. 가족 가운데 구원받지 못한 자의 영혼을 위해 애통할 때 하나님께서는 그분들의 기도를 들어 주시고 위로의 복을 주시고 그 밖의 다른 복도 주신다는 것이 성경에 기록된 확실한 하나님의 약속입니다.

성경을 보면 예수님이 웃었다는 기록은 없지만 우셨다는 기록은 자주 나옵니다. 사랑하는 친구 나사로가 죽어 무덤에 있는 것을 보고 우셨다고 했습니다. 하나님의 거룩한 형상대로 지음받은 모든 인류가 죄 때문에 사망의 음침한 골짜기로 이끌려 가야 할 것을 생각하면서 주님은 슬픈 눈물을 흘리셨습니다. 주님의 애통은 철저한 영적 애통이었습니다. 사람들을 바라보되 그들의 영혼을 들여다보셨습니다. 거기서 애통을 느끼셨습니다.

아가페 사랑을 향한 거룩한 열정

이 애통은 드디어 거룩한 열정으로 바뀌어 버립니다.

멸망받을 인류의 영혼을 향한 주님의 고귀한 애통은 겟세마네 동산에서 밤마다 찬이슬을 맞으면서 땀방울이 변하여 핏방울이 되기까지 간절한 기도로 바뀌다가 드디어 십자가 위에서 자기 목숨을 던지는 고귀한 아가페 사랑으로 승화됩니다. 주님의 장성한 분

량까지 닮기를 소원하는 성도는 날마다 그리스도를 본받아 그리스도의 형상이 내 몸에 아로새겨지기를 열정적으로 갈망해야 합니다. 우리도 주님과 같이 내 이웃의 영혼에 대하여 관심을 가지고 이들 영혼에 대한 무거운 부담을 가질 때 진정으로 애통하는 마음이 발생하는 것입니다.

일본 고베 신학교 특강을 마치고(고베 신학교 학장 마께다 박사님과 함께)

이 애통하는 마음은 우리로 하여금 능력있는 기도와 선교의 현장으로 이끌어놓을 것입니다. 어떤 성도의 기도가 능력이 있습니까. 이러한 거룩한 애통이 마음에 가득 차 있는 성도의 기도는 능력이 넘치는 기도가 됩니다. 이 기도가 변하여 선교의 장으로 연결됩니다.

자신들이 죄에 사로잡혀 눈먼 상태에 있으면서도 자기들의 눈먼 상태를 알지 못하며, 사망의 음침한 골짜기로 결박당하여 끌려

가고 있는 자신들의 비참한 모습을 알지 못하는 이 불쌍한 영혼들에 대한 아픔은 우리로 하여금 애통의 눈물을 흘리게 합니다. 이 애통은 우리로 하여금 나가는 선교사가 되든지 아니면 보내는 선교사가 되게 합니다.

주석학자 박윤선 박사는 그의 공관복음 주석에서 "애통하는 상태"는 "내게 있어야 할 그리스도의 의는 조금도 없고 반대로 있어서는 안 될 죄만 내 안에 가득한 모습을 보고 마음 아파하는 상태"라고 규정짓고 있습니다.

시편 38편에서 다윗은 "내 죄악이 내 머리에 넘쳐서 무거운 짐 같으니 감당할 수 없나이다"(4절), "내가 넘어지게 되었고 나의 근심이 항상 내 앞에 있사오니 내 죄악을 아뢰고 내 죄를 슬퍼함이니이다"(17-18절)라고 하였습니다. 다윗은 아담처럼, 가인처럼 자기의 죄악을 숨기지 아니하고 낱낱이 드러내어 자복하고 있습니다. 그리고 그 죄악으로 인하여 몸부림 치며 아파하고 있습니다. 그가 하나님과 올바른 관계를 맺지 못함이 그의 죄악 때문임을 알고 회개하면서 상하고 애통하는 마음으로 괴로워하며 하나님과 거룩한 교제의 회복을 열망합니다.

구약성경 이사야 6장에서 이사야 선지자는 그동안 의지하며 존경하던 웃시야 왕의 죽음을 애도하면서 성전에 엎드려 기도하는 중, 환상중에 여호와 하나님의 영광을 보았습니다. 이사야는 높은 보좌에 앉으신 주님의 옷자락이 성전에 가득하였다고 했는데 보좌는 그리스도의 왕직을 상징하고, 성전에 가득한 옷자락은 그의 제사장직을 상징합니다.

또한 주님을 주위에서 모신 스랍들이 "거룩하다, 거룩하다, 거룩하다, 만군의 여호와여 그 영광이 온 땅에 충만하도다"라고 창화하는 소리로 문지방 터가 요동하며 집에 연기가 충만하였다고 했습니다. 연기는 하나님의 임재를 상징하는 말입니다. 거룩한 하나님의 임재 앞에 자신의 추한 모습이 너무나도 갑작스럽게 상대적으로 크게 드러나 보이기에 이사야는 놀라면서 "화로다 나여 망하게 되었도다. 나는 입술이 부정한 사람"이라고 하며 자신의 영적 상태에 대해서 애통하고 있습니다.

신약성경 로마서 7장에서 신앙의 거장 사도 바울도 하나님의 의 앞에 불의한 자신의 죄인 된 모습이 상대적으로 조명되자 그는 갑자기 슬픈 탄식의 소리로 "오호라 나는 곤고한 사람이로다 이 사망의 몸에서 누가 나를 건져내랴"(24절)라고 애통해 합니다. 하나님 앞에서 자기의 적나라한 죄인 된 모습을 발견하는 사람마다 누구든지 애통하지 않을 수 없습니다.

'가난한 마음'이 죄에 대한 지적(知的) 발견이라면 '애통하는 마음'은 죄에 대한 정적(情的) 체험입니다. 애통은 우리를 죄로부터 참된 회개와 믿음의 길로 인도합니다. 철저한 애통의 영적 골짜기, 눈물의 골짜기를 통과하지 아니한 회개는 참된 회개가 될 수 없습니다.

그런데 이 애통은 우리가 구원받은 후에는 성도의 삶과 무관해지는 것으로 오해하면 안 됩니다. 헬라어 원어성경 본문에서는 애통이라는 말이 현재시제로 씌어 있습니다. 헬라어 현재시제는 '그 행동이나 상태가 계속되고 있다'는 뜻입니다.

주 임재의 위로

우리의 신앙이 깊어지면 깊어질수록 성령은 우리의 죄 문제에 대해서 더욱 민감하게 애통하는 반응이 나오도록 인도할 것입니다. 과거에는 그것이 죄로 여겨지지도 않던 사소한 작은 죄까지도 우리의 신앙심이 깊어질수록 애통의 대상이 되는 체험을 가지게 됩니다. 이것이 바로 애통을 통한 성도들의 성화와 성숙의 축복입니다.

주님은 다시 말씀합니다.

"애통하는 자에게 행복이 있나니 저희가 위로를 받을 것이기 때문이다!"

어떤 위로를 받습니까? 죄 문제로 아파 몸부림치는 그 현장에서 주님이 임재해 주시는 위로입니다. 주님이 곁에 계셔 주시는 것이 우리에게는 큰 위로입니다.

"애통하는 자가 행복자니 위로가 저희 것임이요!"

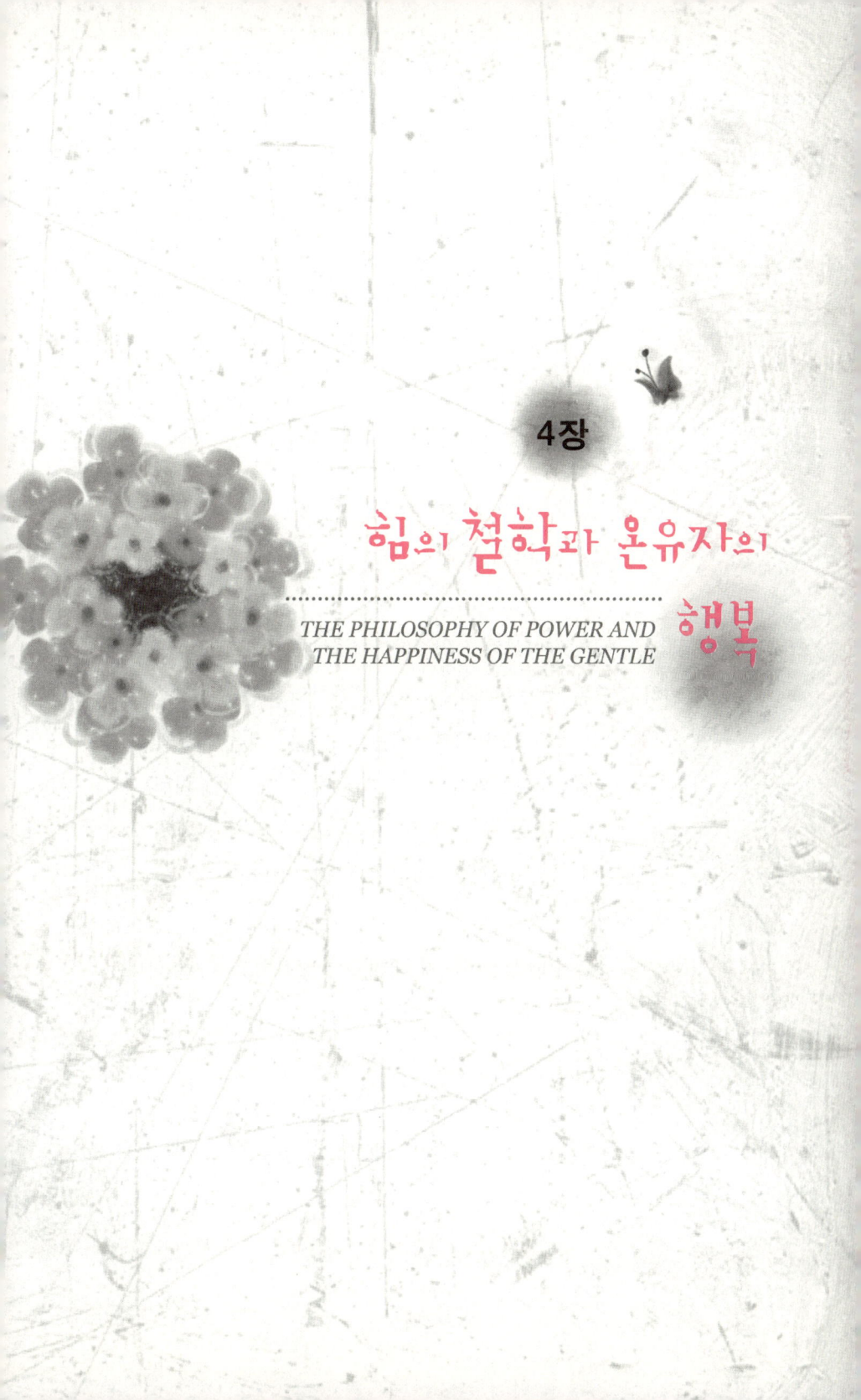

4장

힘의 철학과 온유자의 행복

THE PHILOSOPHY OF POWER AND
THE HAPPINESS OF THE GENTLE

••• 마태복음 5장 5절 •••

온유한 자는 복이 있나니
그들이 땅을 기업으로 받을 것임이요

효 · 불효교와 어머니의 얼굴

세상은 빠르게 변화하고 있습니다. 풍속도 문화도 도덕도 윤리도 변하고 모든 것이 변하하는 가운데 가치의 기준도 변했습니다. 옛날에는 국가에 충성하고 부모에게 효도하는 것을 최고의 가치 기준으로 삼았지만 오늘날에는 효도라는 말은 사어(死語)처럼 되어 버렸습니다. 왜냐하면 그 말이 지시하는 효도라는 내용 자체가 이 사회에서 오래 전에 이미 사라지고 없기 때문입니다.

효를 주제로 한 두 가지 에피소드가 있습니다. 하나는 통일신라 시대부터 경주지방에서 전해져 내려오는 실화이고, 다른 하나는 최근 TV에 나오는 연속 드라마 이야기입니다.

지금도 경주에는 '효 · 불효교'라는 다리가 있는데 이 다리가 만들어진 동기가 효도와 관계되기도 하고 동시에 불효와 관계되기도

한다는 것입니다. 그 다리 가까운 마을에 아들 칠형제를 둔 과부가 살고 있었답니다. 그런데 아들들이 볼 때 밤마다 어머니가 냇물을 건너 이웃 마을에 가서 어떤 홀애비와 뜨거운 사랑놀음에 빠져 있다는 것을 알게 되었습니다.

어머니께서 밤마다 찬물에 발을 담그고 냇물을 건너다가 혹시 병이라도 나면 어떻게 하나 걱정한 나머지 아들들이 힘을 모아서 어머니를 위하여 그곳에 다리를 놓았습니다. 그 다리 위를 넘어가던 어머니가 아들들의 뜨거운 효심을 생각할 때 도저히 그 일을 계속할 수가 없었습니다. 그래서 밤 나들이를 중단해 버렸습니다. 이 사실이 고을 원에게 알려졌습니다. 고을 원은 그 칠형제에게 불효 죄를 적용해서 가벼운 벌을 주고 그 다리 이름을 '효 · 불효교'라고 했다는 이야기입니다.

효 · 불효교

또 하나의 이야기는 "어머니의 얼굴"이란 제목으로 최근에 나온 드라마입니다. 내용인즉, 충청도 어느 시골 마을에서 남편과 일찍 사별한 젊은 과부가 외아들 하나 키우면서 그 아들에게 모든 정성, 사랑 다 바치면서 금지옥엽으로 키우고 있었습니다. 하루는 집에 불이 나면서 방에 재워 놓았던 아들이 불길에 휩싸여 있는데 이 아들을 구하고자 하는 모성애는 자신을 돌보지 아니하고 뛰어 들어서 아들은 구해냈지만 자신은 너무 심한 화상으로 얼굴이 흉측하고 무섭게 되어 버렸습니다. 재산을 다 불태우고 눈 깜짝하는 순간에 거지 신세가 되었습니다.

어머니는 하는 수 없이 아이를 시동생 집에 맡기고 막노동 등 온갖 일을 하면서 겨우겨우 연명해 왔습니다. 마침 시동생에게는 아이가 없어서 아들을 그 집에서 키우며 초등학교와 중학교 공부를 시켜 주었습니다. 아들이 보고 싶어 간혹 찾아가면 얼굴 화상으로 흉측스런 친어머니를 아들이 싫어하고 피하는 것이 어머니로서는 한없이 슬펐습니다.

아들은 재주가 뛰어나서 장학금을 타면서 의과대학을 졸업한 후 가문이 좋은 집 규수와 결혼을 하게 되었습니다. 자신의 초라한 가문이 알려질까 봐 현재 자기를 키워준 삼촌과 숙모를 친아버지 어머니로 호적에 입적시켜 줄 것을 호소하면서 자기를 낳아준 친어머니에게는 결혼식도 알리지 아니하였습니다. 그러나 삼촌이 연락을 해서 찾아온 어머니에게 자기 장래를 위해서는 아는 척하지 말아 달라고 부탁하였습니다. 손자가 태어난 후에는 그 손자가 보고 싶어 전화를 하면 그 전화마저 하지 말라고 비정하게 대하는 장면이 나옵니다.

이 드라마는 물론 여기서 끝나는 것이 아니고 더 계속됩니다만, 저는 이 장면을 보면서 저 못된 불효자식의 모습이 과거 나의 모습이 아니었는가 생각해 보았습니다. 시골에서 가난하게 살아오신 부모님의 초라한 모습을 도회지 친구들이 볼 때 부끄러워했던 어린 시절을 회상하면서 회개의 눈물을 흘렸습니다. 나의 부모님은 비록 가난하긴 했지만 나에게 바르고 정직하게 살아가도록 어릴 때부터 철저하게 가르쳐 주셨고 또한 귀한 신앙의 유산과 온유한 삶의 모습을 직접 보여주면서 교육시켜 주셨던, 한없이 고맙고 자랑스러운 분들이었습니다.

로마식 힘의 철학과 온유

사도 바울이 선교하던 당시 로마 제국의 사람들은 십자가에 달려 죽은 예수 그리스도를 전하는 복음을 부끄럽게 생각했습니다. 왜 그들은 복음을 부끄럽게 생각했을까요?

당시 로마사회의 가치 기준은 '힘' 이었습니다. 마치 오늘날의 가치 기준이 '돈' 인 것과 같습니다. '누가 힘이 더 센가? 누가 더 강자인가?' 그 강자가 세상의 존경의 대상이 되고 그 강자가 세상을 지배하고 그러한 강자의 철학이 로마라는 사회를 이끌었습니다. 그러한 사회에서 약자는 다만 부끄러움의 대상이었습니다.

이러한 강자의 철학으로 채색된 안경을 끼고 강자가 지배하는 철학의 가치 기준으로 볼 때 십자가에 매달려 한 마디의 반항도 하지 아니하고, 한 가닥의 힘도 행사해 보지 않은 채 십자가에 대롱

로마의 힘의 철학 담론에서 빼놓을 수 없는 시저

예루살렘을 함락시킨 디도 장군. 후에 황제가 되었다.

로마의 군인

무력에 의해서 AD 70년 예루살렘을 완전 파괴한 로마 군인들이 성전의 메노라 및 모든 보물을 약탈해 가는 모습

대롱 매달려 죽은 예수는 로마인들이 보기에는 한없이 초라하고 나약한 자였습니다. 그 약자를 추종하고 신봉하던 그리스도인들은 로마인들이 보기에는 심히 미련하고 어리석게 보였습니다. 그들은 예수 그리스도의 복음을 대단히 부끄럽게 생각했습니다.

그러나 사도 바울은 "십자가의 도가 멸망하는 자들에게는 미련한 것이요 구원을 받는 우리에게는 하나님의 능력이라"(고전 1:18)고 선포했고, 또 "내가 약한 그 때에 강함이라"(고후 12:10)는 심히 역설적인 진리를 설파하고 있었습니다.

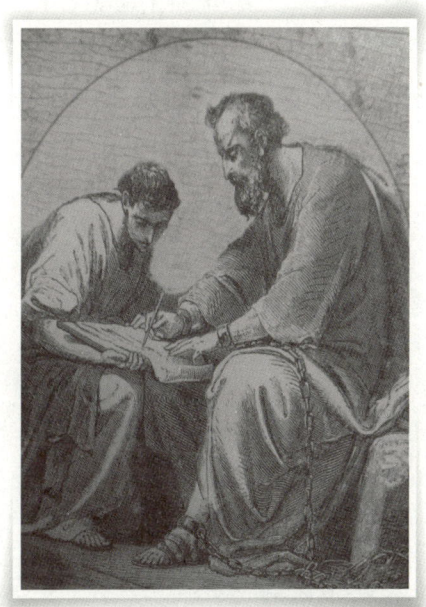

옥에 갇혀 쇠사슬에 묶여 있는 바울 사도

우리가 어느 때 강한 능력자가 됩니까? 나에게 무엇이 좀 있는 줄 생각하고 교만할 때, 나에게 지식이 좀 있는 줄 알고 거만할 때, 나에게 재력이 좀 있는 줄 알고 오만할 때, 나에게 건강이 좀 있는 줄 알고 자신만만할 때가 있었지만 얼마 가지 않아서 곧 나는 이것 가지고는 세상을 이기지 못하고, 이것 가지고는 마귀를 대적하지 못하고, 이것 가지고는 아무것도 할 수 없는 실패자인 것을 스스로 깨달을 때가 종종 있었습니다.

그러나 "내가 아무것도 할 수 없습니다. 주님! 나를 도와 주세요" 이렇게 주님 앞에 무릎을 꿇고 매어 달려 기도할 때 주님이 힘 주시고 능력 주셔서 승리의 삶을 살 수 있었다고 고백할 때가 한두 번이 아니었습니다. 과연 내가 약할 때 주님께서 나를 강하게 만들어 주신 것을 바울처럼 체험한 것입니다.

성경에 나타난 온유자들

구약성경 창세기에 나오는 아브라함은 그 성품이 매우 온유함으로 큰 축복을 받은 자였습니다. 아브라함의 종들과 그의 조카 롯의 종들 사이에 싸움이 벌어졌을 때 아브라함은 롯과 헤어지면서 재산을 분할할 때 매우 온유한 태도를 취했습니다.

아브라함은 재산 분할에서 선택의 우선권을 조카인 롯에게 먼저 주었습니다. 그렇다고 해서 아브라함이 물에 물 탄 듯 유약한 성격

아브라함

은 아니었습니다.

조카 롯이 살던 소돔과 고모라에 주위의 다섯 나라 왕들이 연합해서 쳐들어 와 일가 친척들을 잡아가고 수많은 재산을 약탈해 갔을 때 아브라함은 당장에 그의 사병 318명을 거느리고 뒤쫓아 가서 그들을 모조리 쳐부수고 일가 친척들의 인명을 구하고 빼앗겼던 노획물들을 되찾아온 용맹스러운 사람이었습니다. 그는 자기 이익에 대해서는 양보할 줄 아는 온유한 자였지만 타인의 억울함과 부당한 침해를 당하는 데 대해서는 의분을 느끼는 의리의 사람이었습니다.

마태복음 5장에서 예수 그리스도가 사용하신 '온유한'이라는 말은 헬라어로는 "프라우스"(praus)로 기록되어 있는데 그 말의 정확한 의미는 "짐승을 길들여서 주인의 권위 아래 둠으로 온갖 본능과 충동을 적절하게 통제하는" 것을 뜻합니다. 헬라의 철학자 아리스토텔레스는 "프라우스"를 "중용지덕"(中庸之德)과 같은 의미로 사용하였는데, "전혀 화를 내지 아니하는 것이 아니라 화를 내야 할 경우에만 화를 내고 그러지 아니할 경우에는 절대로 화를 내지 아니하는 사람을 온유한 자"라고 했습니다.

온유한 자에게는 땅을 기업으로 차지하게 해 주신다는 하나님의 약속이 아브라함에게 이루어졌습니다. 그런데 이 약속은 오랜 시간을 기다린 후에야 주어지는 것이기 때문에 인내를 가지고 기다려야 합니다. 아브라함은 그의 나이 75세에 아들을 주신다는 하나님의 약속을 받고 100세에 응답을 얻었습니다. 25년이라는 기다림의 인내를 통과했습니다.

그러므로 믿음이 없는 자가 참으로 기다림의 인내를 통과할 수가 없고 인내를 동반하지 아니하는 온유는 온전한 온유가 아닌 것입니다. 진정한 온유의 의미는 "지구력을 가지고 조급하지 아니하고 오래 참는 여유 있는 부드러움"입니다.

이스라엘의 위대한 영도자 모세는 하나님으로부터 "이 지면에서 가장 온유한 자"(민 12장)라고 인정을 받은 사람이었습니다. 모

모세와 십계명

세가 구스 여인에게 장가들었을 때 형 아론과 누이 미리암이 모세를 비방하면서 심하게 반대했습니다. "어디에 여자가 없어서 새까만 구스 여자를 데려왔느냐"는 표현을 모세 앞에서 직접 쏟아 내었습니다. 만일 이것이 오늘날 미국에서 일어난 일이라면 아론과 미리암은 '인종차별법'에 의해서 당

장 감옥에 갔을 것입니다. 이때 모세는 한 마디 대꾸도 없었습니다. 이러한 모습을 보고 하나님은 모세를 "온유함이 지면의 모든 사람보다 뛰어나다"고 하셨습니다.

그러나 그는 아무 때나 유순하고 부드럽고 나약한 성격의 소유자는 아니었습니다. 그는 애굽 궁중에서 40년간 닦은 학문, 지혜, 체력이 모두 다 세상적으로 충분히 자랑할 만했습니다. 그러나 하나님의 사람으로서 이것 가지고 교만해서는 안 되는데 그는 그만 실수를 하고 말았습니다. 교만은 패망의 원인이라고 했는데 모세는 일시적으로는 패망의 쓴잔을 마셔야만 했습니다. 그는 애굽 사람을 죽였습니다. 그리고는 미디안 광야로 도망하여 40년간을 양치는 이드로의 머슴살이로 보냈습니다. 모세에게 있어서 이 기간은 결과적으로 모세가 귀중한 온유와 겸손을 배우는 훈련 기간이었습니다.

하나님의 사람이 하나님을 떠나 실패와 좌절 속에 빠져 있을 때, 그는 조용한 가운데 "하나님이여, 나는 아무것도 할 수 없나이다"라는 진실한 고백과 함께 하나님과 교제할 때 새로운 힘 곧 하나님의 신령한 힘을 공급받게 됩니다. 모세는 드디어 온유한 지도자가 되었습니다.

오늘날 우리가 사는 지금의 세상도 마찬가지입니다. 이 세상이 온통 강자를 존경하고 숭배하고 아부하고 아첨하는 힘의 철학이 지배하는 세상이 되어 버렸습니다. 반면에 온유한 자, 겸손한 자, 하나님의 법대로 살고자 하는 자들은 권모술수에 능한 자들에게 여지없이 짓밟히고 무시당하고 경멸당하는 세상이 되어버렸습니다.

다윗도 위대한 온유자였습니다. 사울 왕이 다윗을 죽이려고 수많은 군사를 풀어서 추적하던 중 피곤해서 어떤 동굴 속에 들어가 낮잠을 자고 있었습니다. 동굴 주위에는 보초를 세웠지만 다윗이 먼저 그 동굴에 들어가 있었습니다. 얼마 지나지 않아 사울 왕도 보초도 모두 잠에 곤하게 떨어졌을 때 다윗은 사울 왕을 죽일 수 있는 절호의 찬스를 얻었습니다. 이때만은 사울이 강자가 아니라 다윗이 강자입니다.

그러나 다윗은 "하나님이 기름 부어 세우신 종"이라고 하여 복수할 수 있는 절호의 기회가 왔음에도 불구하고, 자기가 순간적인 강자의 위치에 섰음에도 불구하고, 사울 왕에게 복수하지 아니하고 사울 왕의 옷자락만 증거로 베어 갔습니다. 참으로 온유한 다윗의 모습입니다.

다윗은 또한 그의 아들 압살롬의 반역으로 인하여 비 오는 밤길을 맨발로 쫓기는 신세가 되었습니다. 다윗 왕이 강자의 위치에 있을 때는 그렇게도 충성을 다해 바치는 듯이 아부하던 신하들이 역경에 처한 다윗 왕으로부터 떠나 원수 편에 붙어 버렸습니다.

이때 사울 왕의 부하 시므이가 다윗 왕에게 침을 뱉고 돌질을 하면서 저주합니다. 이에 격분한 아비새 장군이 "왕이여, 허락만 하시면 가서 단칼에 머리를 베어 오겠습니다" 하자 다윗은 "그만두어라. 혹 하나님께서 저 자를 사용하여 나를 겸손하게 하시는지도 모를 일이다"라고 말합니다. 온유한 인격의 소유자는 항상 하나님의 절대주권과 항상 그 앞에 서 있는 자신의 존재를 볼 줄 아는 겸손한 자입니다.

그러나 성경에 나타난 온유의 최고봉은 예수님께서 보여주신 온유한 모습입니다. 불의를 보고 참지 못하는 무서운 성격을 가졌으면서도 의를 위해서는 목숨까지 말없이 내어주신 예수님은 제자들에게 "나의 온유를 따르라"고 하셨습니다. 가죽채찍을 엮어서 성전에서 제물로 쓰기 위해 팔고 사는 소, 양 등의 짐승들을 내리치며 환전상의 책상과 돈궤를 발길로 걷어차며 분노하여 고함 지르시는 예수님의 모습은 아마도 세상에서 가장 무서운 모습으로 보였을 것입니다. 왜냐하면 예수님 한 분이 휘두르는 채찍에 다수의 장사꾼들이 얻어맞고 도망갈 정도이면 확실히 초자연적인 무서운 힘을 과시한 예수님임이 틀림 없습니다.

그런 예수님이 가야바와 빌라도의 법정에서는 단 한 마디 반항이나 불평도 아니 하시고 채찍에 맞고 가시관 쓰고 무거운 십자가를 메고 골고다 언덕길 갈보리 십자가 위에 매어 달려 운명하실 때의 모습은 세상에서는 볼 수 있는 온유의 최고봉입니다.

온유의 의미

온유(溫柔)가 한자로는 "따뜻할 온", "부드러울 유" 자인데 헬라어 원전에는 "프라에이스"(praeis)로 기록되어 있습니다. 헬라의 철인 아리스토텔레스(Aristoteles)는 이 말을 정의하기를 두 극단의 중간을 차지하는 미덕 곧 "중용지 미덕"이 프라에이스라고 했습니다. 동양철학의 중심사상도 한마디로 말하면 이 중용지덕(中庸之德)입니다. 모자라지도 아니하고 지나치지도 아니하고 '중간' 곧 가장 알맞은 상태입니다.

우리는 음식을 먹어야 삽니다. 그러나 너무 많이 먹으면 배탈이 납니다. 또 소화불량에 걸립니다. 그렇다고 너무 적게 먹으면 허기를 느끼고 영양실조에 걸립니다. 운동이 우리 몸에 좋다고 해서 너무 지나치게 하면 몸살, 근육통으로 고생합니다. 그렇다고 너무 적게 하면 운동 부족, 무기력, 권태증에 걸리게 됩니다. 물건의 나사를 조일 때 너무 세게 조이거나 너무 약하게 조이면 물건을 제대로 쓸 수가 없습니다.

아리스토텔레스는 이 말을 인간의 성격을 설명할 때 지나치게 화를 내는 것과 전혀 화를 내지 아니하는 양극단을 두고, 화를 내야 할 자리에서는 화를 낼 줄 알고 화를 내지 말아야 할 자리에서는 화를 안 내는 것이 '온유'에 해당하는 원어의 뜻이라고 했습니다.

이 온유는 갈라디아서 5장 22절에 나오는 성령의 열매 중 "인내,

자비, 양선, 온유, 충성, 절제"의 열매를 대표하는 귀한 말입니다. 온유한 자는 남에게 오래 참는 자이며, 남에게 측은한 마음을 품는 자이며 또한 남을 위하여 선한 일을 베푸는 자이며 남에 대하여 신의를 지키고 자기가 해야 될 본분을 다하는 자입니다.

온유한 자는 또한 자기 절제가 잘되어 있는 자입니다. 잠언 16장 32절에서는 "노하기를 더디하는 자는 용사보다 낫고 자기의 마음을 다스리는 자는 성을 빼앗는 자보다 나으니라"고 했고, 또 잠언 25장 28절에는 "자기의 마음을 제어하지 아니하는 자는 성읍이 무너지고 성벽이 없는 것 같으니라"고 하였습니다. 자기 절제가 되어 있지 아니한 사람은 윗사람에게 충성할 수 없습니다. 자기 절제가 되어 있지 아니한 사람은 남에게 자비를 베풀고 양선을 베풀 수가 없습니다. 자기 절제가 되지 아니하는 사람은 온유한 사람이라고 할 수가 없습니다.

그러므로 온유는 성령의 열매 중에 6가지를 그 속에 내포하고 있으며 온유의 열매를 맺는 자는 자연히 사랑의 열매도 맺게 됩니다. 성령의 첫 세 가지 열매인 사랑, 희락, 화평을 대표하는 열매는 사랑의 열매입니다. 이 사랑의 열매는 하나님 쪽의 성격을 가진 열매이고, 온유가 대표하는 여섯 가지 열매는 인간 쪽 성격이 더 강한 열매인데 하나님 쪽 성격이 강한 사랑의 열매와 인간 쪽 성격이 강한 온유의 열매를 합하면 사랑의 열매 하나만 남게 됩니다.

성령의 열매를 몸의 율동으로 표현했을 때 온유는 손에 해당한다고 했습니다. 그리고 온유라는 말을 영어 성경에서는 젠틀니스(gentleness) 곧 "부드러움, 관용, 친절, 겸손" 등으로 해석되는 말입니다.

우리의 손은 좀 부드러운 손, 관용을 베푸는 손, 친절을 베푸는 손이 되어서 이 손으로 남에게 선한 일을 할지언정 남에게 손가락질하는 손이 되면 안 됩니다. 남에게 손가락질하면서 "너 때문이야"라고 하는 바로 그때 우리에게 돌아오는 것은 나머지 세 손가락이 가리키는 방향처럼 세 배가 나를 향하여 되돌아 오게 됩니다. "너 때문이야" 하면서 상대방을 손가락으로 가리키면 그때 "아니야, 나 때문이야"라고 세 개의 손가락이 동시에 나 자신에게로 향합니다

우리의 손은 남에게 용기를 주는 손이 되어야 합니다. 남을 위로해 주고 격려해 주고 남의 등을 두드려 주는 데 사용되는 손이 되어야 합니다.

낙심하는 자들의 손을 붙잡아주고 슬픔을 당한 자들의 손을 어루만져 주는 손이 되어야 합니다. 남의 병 낫기 위해서, 남이 성령 충만 받기 위해서 붙잡고 기도해 주는 손이 되어야 합니다.

온유는 천국 잔치 참여 예복

천국은 온유의 예복을 입은 자 아니면 그 문을 통과할 수 없는 왕의 잔칫집입니다. 온유한 자가 받는 축복이 이와 같이 미래적이고 종말론적인 의미만 있는 것이 아니고 이 땅에서의 현세적 축복도 있습니다. 이 세상에서도 하나님은 온유한 자를 들어 쓰셔서 아브라함처럼, 모세처럼, 다윗처럼 승리자의 삶을 살게 해 주십니다.

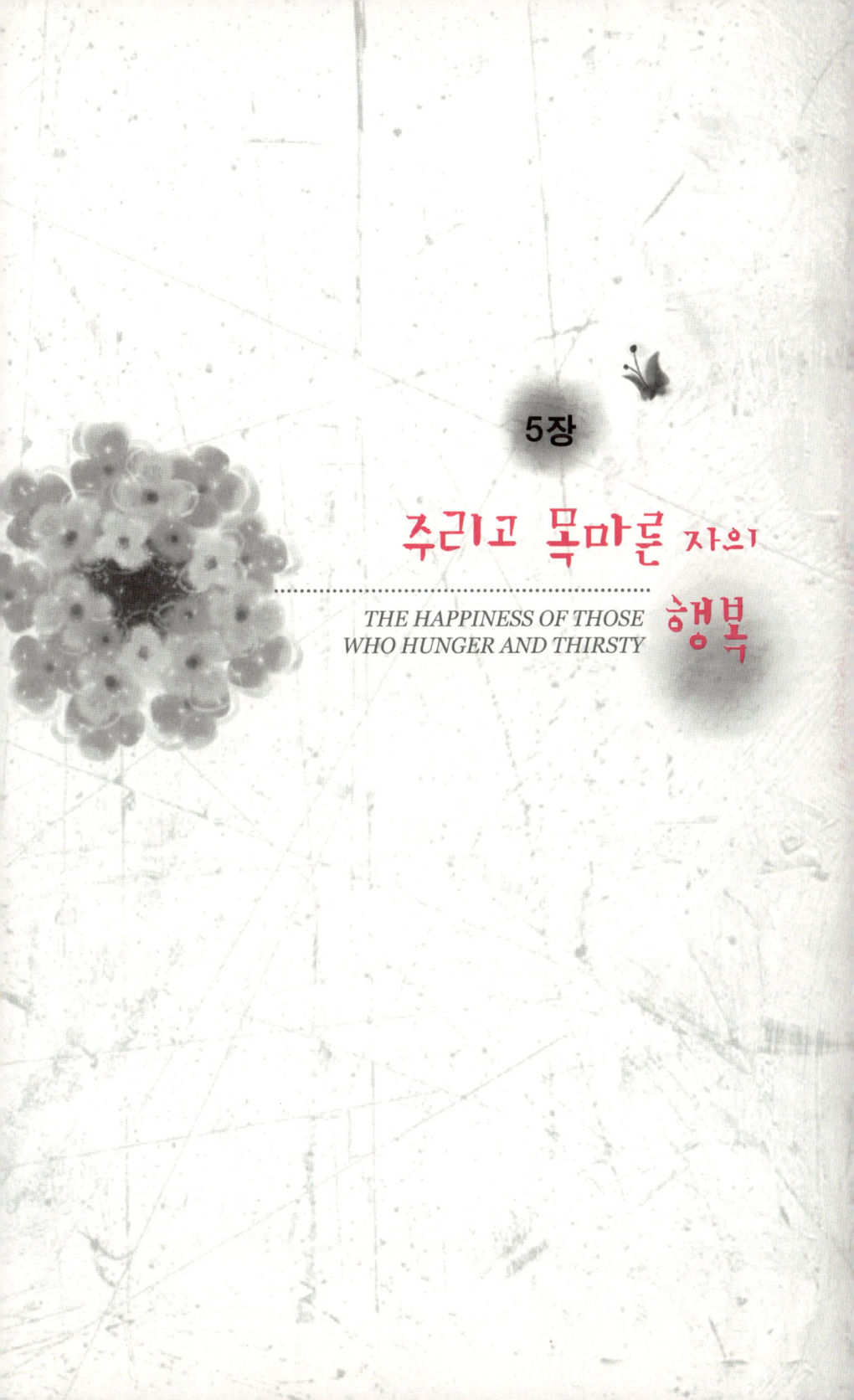

5장

주리고 목마른 자의 행복

THE HAPPINESS OF THOSE WHO HUNGER AND THIRSTY

••• 마태복음 5장 6절 •••
의에 주리고 목마른 자는 복이 있나니
그들이 배부를 것임이요

기아와 기갈 상태의 문제

동서양 문명의 특징을 한마디로 말한다면 동양의 문명은 '존재'(To Be)에, 서양 문명은 '소유'(To Have)에 그 특징을 두고 있습니다. 동양 문명은 정신적, 종교적 추구가 강하고 서양은 합리적, 자연과학적, 물질적 면에 관심이 주로 집중되어 왔다는 사실은 인류 역사가 증명하고 있습니다. 그러기 때문에 서구 문명은 그 척도가 '얼마나 가지느냐'에 있기 때문에 빼앗고 약탈하고 죽이고 침략하는 일을 끝없이 계속하지만 이들에게는 만족이란 없습니다. 그들은 언제나 굶주린 짐승처럼 이리저리 행복을 찾아 헤매지만 안타깝게도 이들에게는 행복이 머물러 주지 아니합니다.

인생의 행복이란 결단코 '내가 얼마나 가지느냐'의 소유에 있지 아니하고 '내가 어떠한 자가 되는가, 내 마음이 어떠한 상태에 있는가'에 있습니다.

옛 시인의 유명한 시 한 수가 생각납니다.

반소사음수(飯蔬食飮水)로 곡굉이침지(曲肱而枕之)라도
낙역재기중(樂亦在其中)이라.

반찬도 제대로 없는 보리밥 한 공기 먹고, 물 한 모금 마시고, 누워 편히 쉴 만한 좋은 집이 없어서 풀밭에 팔베개하고 누워서 잠시 쉬는 그곳에도 즐거움은 있다는 뜻입니다. 이것은 동양인의 행복한 전원적인 삶의 한 모습을 나타내 주는 목가적 시입니다. 그러나 인간이 그 생명을 유지해 나감에 있어 배고픔과 목마름은 가장 절실하고 가장 기본적인 욕구입니다. 이 욕구는 반드시 그 대상을 찾습니다. 배고픔은 음식을 요구하고 목마름은 물을 요구합니다.

여러분은 혹시 정신이 몽롱할 정도로 허기져 본 일이 있습니까? 목이 타들어가는 목마름의 갈증을 느껴 본 일이 있습니까? 한국에는 지금부터 약 50년 전까지만 해도 4~5월 보릿고개란 것이 있었습니다. 가을 농사 추수한 쌀은 이듬해 봄 3월이면 다 바닥이 나버리니 이제 더 이상 먹을 것이 없습니다. 배가 고프니 풀뿌리, 나무껍질을 벗겨 먹습니다. 북한은 지금도 수많은 사람들에게 이러한 배고프고 허기진 삶의 고비가 많다고 합니다.

이 땅에 배고픔의 문제가 얼마나 오랫동안 절실했는가는 자유당 집권 때 야당의 선거구호 위력만 보아도 쉽게 느낄 수가 있습니다. "배고파서 못살겠다! 죽기 전에 갈아보자!"라는 야당 선거 구호는 한반도 전체를 마치 큰 지진이 지나가듯이 뒤흔들어 놓는 위력을 발휘했습니다. 5·16혁명이 일어난 후에는 혁명 공약에 이 문구가 들어갔습니다.

"민생고를 시급히 해결하며 자유우방과의 유대를 공고히 한다."

여기서 '민생고'란 바로 배고파 굶어 죽어가는 백성들의 아우성이었습니다.

지금 이 시간에도 북한과 아프리카 여러 지역에서는 굶어 죽어가고 있는 사람들이 수없이 많이 있습니다. 이러한 기아 상태는 말세에 나타나는 가장 뚜렷한 한 현상(마 24장)입니다. 이 현상은 말세지말(末世之末)이 가까워 올수록 점점 더 심해져 간다고 성경은 예언하고 있습니다.

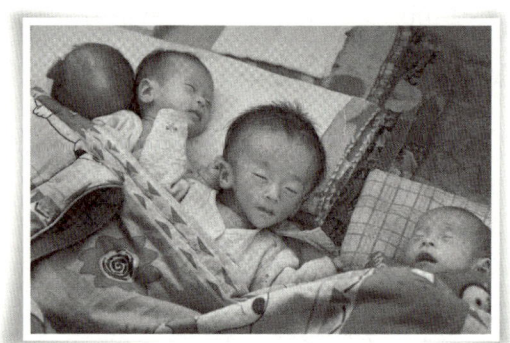
북한의 탁아소 아이들

장차 다가오는 지구 역사의 종말을 예언하고 있는 요한계시록(9:14)은 말세지말의 상황과 극한 대결 지역을 예언하고 있습니다. "큰 강 유브라데 유역에서는 오일(Oil) 쟁탈전이 일어난다"고 예언(사 9:20)된 바대로, 과연 오일전쟁이 일어났고 그 전쟁은 아직도 끝이 나지 않고 있습니다. 그 전쟁 후에는 반드시 전염병이 돌고 그리고 참혹한 기근이 온다고 예언(사 9:20)된 대로 세계사는 그대로 전개되고 있습니다. 세상 종말은 만군의 여호와의 진노로 인하여 이 땅이 타버린다고 했습니다. "이때 백성은 불에 타는 섶나무 같다"(사 9:19)고 했습니다.

전쟁으로 죽고 남은 인구는 전염병으로 죽거나 기아에 허덕이게 됩니다. 이때 먹을 것이 없어서 "아비가 아들을 먹을 것이라"고 예언했는데, 아프리카에서는 이디 아민 대통령이 초등학교에서 열심히 공부하고 있는 아이들을 군대에 보내서 집단 살육한 후 대형 냉장고에 넣어놓고 요리해서 먹었습니다. "아들이 아비를 먹을 것이라" 예언했는데, 월남전 후기를 보면, 바다 위에 떠다니던 사람들은 식량이 고갈되어 배가 고파 죽게 되었을 때 생명이 끊어져 가는 노인들의 인육을 먹었다는 보도가 있습니다.

"친구가 친구를 먹을 것"이라는 예언도 "양식 얻으러 가는 친구를 길거리에서 살육" 했다는 사건에서 나타납니다. 나중에는 "태에서 난 자와 태까지 먹는 날이 온다"고 했는데 지금 서울에는 실제로 인간의 태를 먹는 곳이 있다고 합니다. 술안주 상에 최고의 비싼 값으로 양곱창 굽듯이 태를 구워서 판다는 말이 있습니다. 그리고 태반 주사라는 것이 개발되어 남녀노소 할 것 없이 이 주사를 맞는 사람이 많다고 합니다.

LA에서 목회하다가 서울 C대학 총장까지 지낸 K목사도 이 주사를 맞다가 부작용으로 갑자기 죽었다고 합니다. 이제는 종교계의 지도자들까지도 이 모양이니 말세 중에도 종말의 종점이 가까워 온 현상입니다!

의에 대한 허기짐과 타는 목마름

인생에게 배고픔의 극한 상황, 목마름의 극한 상황이 도달했을 때 이런 현상이 나타납니다. 영적인 현실에서도 마찬가지입니다. 구원받지 못한 자, 즉 그리스도 예수를 전혀 만나지 못한 자들에게는 하나님의 의(義)에 대한 허기진 주림과 타는 목마름이 있을 수가 없습니다. 그러나 그리스도를 만나고 영적 생명이 약동하고 있는 자들에게는 의에 대한 간절한 열망이 있습니다

몸이 병들어 있는 사람에게도 주림과 목마름에 대한 간절함이 없습니다. 병들었다는 증세 중의 하나가 식욕이 떨어지는 것입니다. 우리의 영적 생활도 마찬가지입니다. 죄가 우리 속으로 스며들어 오게 되면 의에 대한 영적 관심을 상실하게 됩니다.

이전에 그렇게도 꿀 송이처럼 달고 맛있던 하나님의 말씀에 대한 맛을 상실하게 됩니다. 이전에 그렇게도 감격스럽던 예배와 설교가 이제는 쓴 나물 맛처럼 씁쓸합니다. 예배시간이 차츰 길게 느껴지고 졸음이 옵니다. '예배가 왜 빨리 안 끝나냐? 목사님이 설교를 몇 분이나 더 하실까?' 하고 자주 시계를 봅니다.

이전에 그렇게도 재미가 쏟아지던 교회 봉사도 이제는 고역으

로 느껴집니다. 교역자(敎役者)를 지금은 고역자(苦役者)라고 부른답니다. "벌써 또 대표기도 순서가 돌아왔나? 벌써 또 주차 관리 봉사 순서가 돌아 왔나? 벌써 또 교회 주방 설거지 차례가 돌아왔나? 너무 빨리도 오네!" 위험 신호가 온 것입니다. 죄가 나의 영혼 깊숙이 침범해 들어와서 봉사의 즐거움을 맛보지 못하고 내 영혼이 조금씩 병들어 가고 있다는 증거입니다.

우리가 의에 대해서 배고파 하고 목말라 한다는 말은 두 가지 의미가 있습니다.
첫째, 소극적인 의미로는 내 안에 침범하여 나를 지배하고자 하는 죄의 세력으로부터 해방받고자 애를 쓰고 있다는 것입니다. 둘째, 적극적인 의미로는 내 안의 항상 죄를 짓고자 하는 욕망을 밖으로 쏟아 버리고자 노력한다는 것입니다.
나를 얽어 매고 속박하고자 하는 죄의 세력으로부터 필사적으로 탈출, 해방받고자 하는 열망 그리고 내 안에서 옹달샘처럼 솟아 오르는 죄를 짓고자 하는 죄악의 더러운 물이 내 안에 고이지 아니하도록 필사적으로 밖으로 퍼내 버리는 자가 바로 의에 주리고 목말라 하는 자이며, 이러한 사람은 곧 영적으로 배부름을 얻게 된다고 말씀하셨습니다. 육신의 배고픔과 목마름을 채워주는 음식과 물은 부분적으로밖에 만족할 수 없지만 영적 배고픔과 목말라 함에 대하여는 완전하고 영원한 배부름 곧 만족함이 주어진다는 주님의 말씀입니다.

요한복음 4장에는 사마리아 우물가의 여인과 예수님의 대화 장면이 나옵니다.

예수님: 나에게 물을 좀 달라.

여인: 유대인인 당신이 어찌 나에게 물을 달라 하십니까? 우리 사마리아인들을 개 취급하며 상종하지 아니하는 유대인이 아무리 목이 마르기로서니 사마리아 여자인 나에게 어찌 물을 달라 하십니까?

예수님: 네가 만일 하나님의 선물과 또 네게 물 좀 달라 하는 이가 누구인 줄 알았더라면 네가 그에게 구했을 것이요 그가 생수를 네게 주었으리라.

여인: 이 우물은 깊고 당신은 두레박도 없는 지나가는 나그네 주제에 웬 오기만 있어서 허풍을 떠십니까?

예수님: 이 물은 먹는 자마다 다시 목마르거니와 내가 주는 물은 영원히 목마르지 아니하리라.

예수님은 의에 대하여 목말라 하는 자에게 영원히 목마르지 아니하는 물을 준다고 하셨는데 그 목마름의 정도가 어느 만큼인가 하면, 시편 42편에 "사슴이 시냇물을 찾기에 갈급해 할 만큼"이라고 하였습니다. 이것은 전쟁터에서 피를 흘리면서 "물! 물! 물!" 하고 부르짖는 병사의 외마디 소리만큼이나 절실한 것입니다.

두 종류의 의

우리가 의에 대해서 주리고 목말라 해야 한다고 할 때 의(義)란 두 가지 측면이 있습니다.

첫째, 상대적 의입니다.

예수님은 제자들에게 "너희 의가 서기관과 바리새인들의 의보다 낫지 못하면 결단코 천국에 들어가지 못할 것이다"라고 하셨습니다. 예수님은 제자들에게 매우 강도 높은 훈련을 시키고 계십니다.

우리가 구원은 값없이 선물로 받았습니다. 값없이 구원을 받았다고 해서 구원이 '전혀 값이 없는 것'이 아니라 '값을 지불하지 아니하고 받았다'는 뜻입니다. 이 세상의 그 무엇을 주고도 값으로 쳐서 살 수 없는, 너무나도 값진 것이기 때문에 값없이 선물로 받았다는 말입니다.

의에 주리고 목말라 해야 할 우리는 돈에 주리고 목말라 합니다. 돈 버는 일이라면 무슨 짓이든지 다 하는 세상 아닙니까? 그리고 사랑에 주리고 목말라 합니다. 사랑을 위해서는 무슨 짓이든 가리지 아니하고 다 합니다. 지식에 주리고 목말라 합니다. 명예에 주리고 목말라 합니다. 지위에 주리고 목말라 합니다. 권세에 주리고 목말라 합니다.

그러나 과연 우리는 얼마나 의에 주리고 목말라 해 보았습니까? 우리의 마음과 생각이 올바르고 우리의 말이 올바르고 우리의 행동이 올바르고 우리의 생활이 올바르기 위해서 우리는 과연 얼마나 주리고 목말라 했습니까?

"저 사람 말이면 틀림이 없다. 저 사람은 법(法) 없이 살 만하다."

그리스도인들은 불신자들 사이에서도 이 정도는 인정을 받아야 합니다.

제가 미국에서 목회할 때 한번은 박성진이라는 안수집사님의 옷 가게에 들렀는데 그때 가게 이웃에 사는 어떤 분이 저에게 "나는 교회는 아직 안 나가지만 미스터 박은 진짜 크리스천 같습니다. 이 분 같으면 법 없이도 살지요. 언젠가 그분이 나가는 교회를 한번 방문하려고 합니다"라고 하였습니다. 이렇게 칭찬하는 말을 우리 교회 교인 중 한 사람의 선한 행위로 인하여 들었을 때, 목회자인 나 자신에게 더 이상의 기쁨이 있을 수가 없었습니다.

"의롭게 한 번 살고 싶다"는 이 고백이 없는 사람의 삶은 진정 그리스도 안에서 거듭난 삶이라고 증언할 수 없습니다.

천국은 악인도 사모할 수 있습니다. 그러나 '의'는 오직 의인만이 사모할 수 있는 것입니다. 내 자신은 의롭게 살아보리라는 결심도 노력도 흔적도 없는 사람이 거리에 나가서 "예수 믿고 천당 가시오!" 했을 때, 세상 사람들의 반응은 어떠합니까? "당신 같은 사람들이나 어서 빨리 천당으로 꺼져버리시오", 이것은 당신 같은 꼴은 보기도 싫다는 소리입니다. 예수님의 가르침은 우리의 의가 바리새인이나 서기관의 의보다 낫다고 인정받아야 천국에 갈 수 있다는 것입니다.

안중근 의사의 유명한 《옥중혈서》에는 "견리사의"(見利思義)라는 말이 있는데 여기서 의(義)는 상대적 의를 말합니다.

둘째, 절대적인 의입니다.

이 의는 본래는 우리의 것이 될 수도 없고 우리의 것이 아닌 하나님 자신의 의입니다. 하나님의 절대적인 의 앞에 나올 때 죄인 된 우리는 한없이 불의한 존재인 것을 더욱 깨닫게 됩니다.

유대인들은 행위로 이 의에 도달해 보고자 율법을 붙잡고 그토록 몸부림쳐 보았지만 모두 실패했습니다. 그들은 노력하면 할수록 예수님으로부터 "독사의 자식들"이라는 책망을 받았습니다.

사도 바울은 "의인은 없나니 하나도 없다"고 통탄했습니다. 주님께 더 가까이 가면 갈수록 죄인 된 자기 모습에 대해서 더 큰 탄식소리가 나옵니다.

"오호라 나는 곤고한 사람이로다 이 사망의 몸에서 누가 나를 건져내랴?"

성전에서 엎드려 기도하던 이사야는 주님의 임재에 깜짝 놀라 "화로다 나여 망하게 되었도다"라고 소리칩니다.

"그물을 깊은 데로 가서 던지라"고 명령하신 그분이 하늘과 땅의 창조주 하나님이심을 발견한 베드로는 그 앞에 엎드려 소리칩니다.

"주여, 나를 떠나소서. 나는 죄인이로소이다."

누가복음 15장에 나오는 탕자가 아버지 집을 떠나면서 가져갔던 돈을 다 써버렸습니다. 먼 타향에서 돈 떨어지고 친구 떨어지니 처량한 신세가 되었습니다. 하는 수 없이 어느 농가 집에 머슴으로 취직했습니다. 그런데 흉악한 흉년이 들고 먹을 것이 없어 배가 고파 견딜 수가 없었습니다. 그가 배가 조금 고플 동안은 돼지 우리를 향했지만 아주 배고파 죽게 되었을 때는 아버지를 생각하고 아버지 집으로 향했습니다.

그렇습니다. 우리는 조그마한 배고픔이나 욕망은 돼지 먹이인 쥐엄 열매로 해결해 보려고 시도합니다. 그러나 우리의 마음과 영혼 속에 있는 외에 대한 배고픔과 목마름은 우리의 어떠한 노력이나 방법으로도 해결할 수 없음을 깨닫습니다.

그리고 거지의 모습 그대로이지만 아버지 집으로 돌아올 때 아버지는 맨발로 뛰어나와서 우리를 반겨주시고 우리는 아버지 품에서 배부름을 얻습니다. 우리가 아버지 집에 머물면서 아버지 한 분만으로 만족할 때 그 밖의 모든 것은 다 아버지께서 책임져 주겠다고 약속하셨습니다(마 6:33, "너희는 먼저 그의 나라와 그의 의를 구하라 그리하면 이 모든 것을 너희에게 더하시리라").

감격과 환희로 채워지는 삶

여호와께서 나의 목자가 되시므로 나에겐 부족함이 없을 것이라 확실히 믿습니다. 그가 나를 푸른 풀 밭에 누이시며 쉴 만한 물 가로 인도하여 주실 것입니다. 의에 대해서 주리고 목말라 하는 이 열망과 우리를 배부르게 채워 주시는 하나님의 축복 속에서 평생 동안 주님을 섬기면서 우리의 삶이 감격과 환희와 영광으로 채워지기를 바랍니다.

환희에 가득 찬 아들 가정의 행복한 모습(요셉, 경미, 은재, 성재)

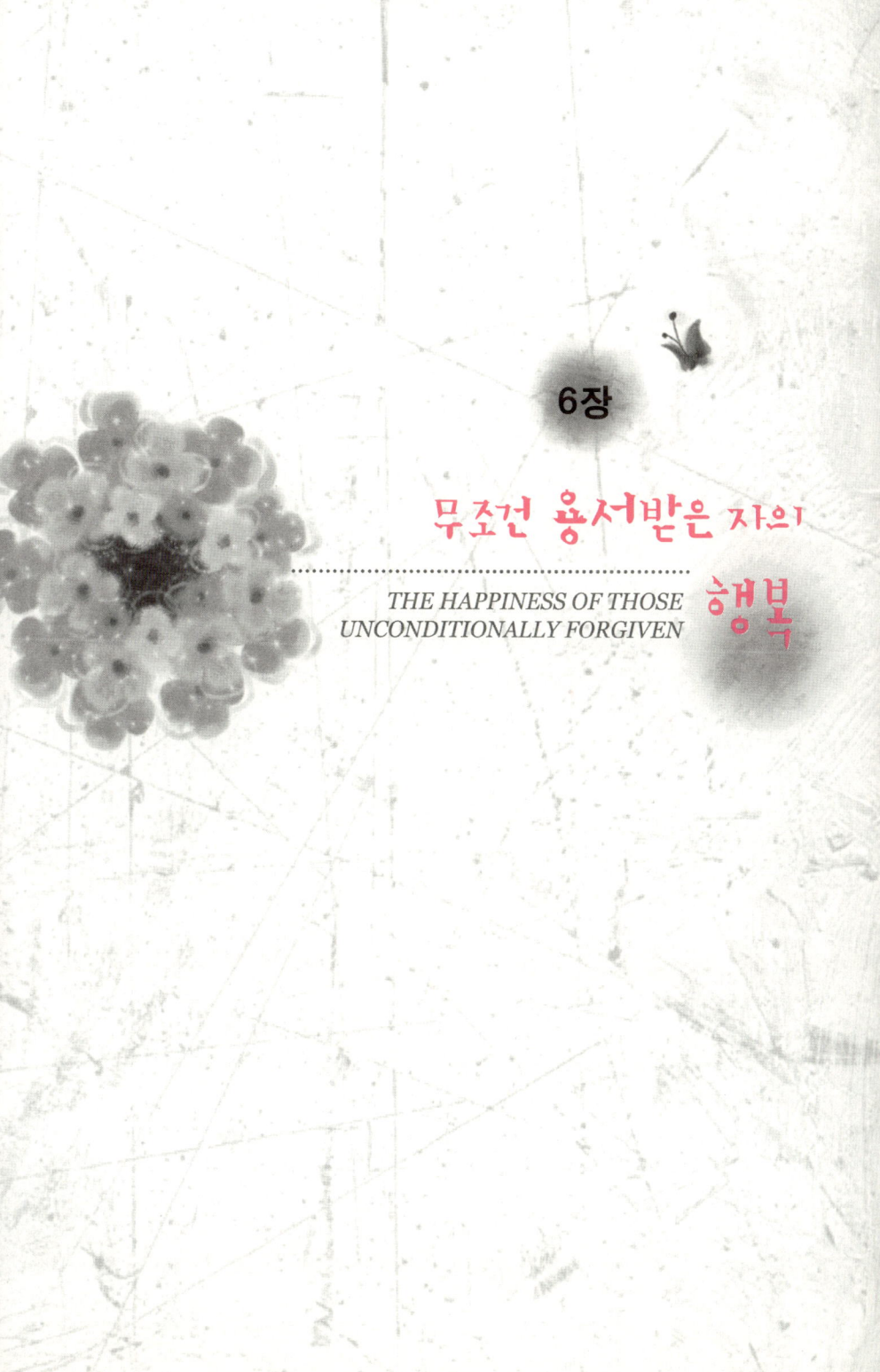

••• 마태복음 5장 7절 •••
긍휼히 여기는 자는 복이 있나니
그들이 긍휼히 여김을 받을 것임이요

다윗과 므비보셋

어떤 신학생이 학기말 시험장에서 한 문제도 답을 쓸 수가 없었습니다. 자기 이름만 쓰고 그 옆에 "교수님께"라고 적고 그 밑에 "긍휼히 여기는 자는 복이 있나니 저희가 긍휼히 여김을 받을 것입니다(마 5:7)"라고 썼습니다. '긍휼'을 악용한다는 생각이 든 교수는 괘씸해서 그 학생에게 F학점을 주고 채점 답안지에 "애통하는 자는 복이 있나니 저희가 위로함을 받을 것입니다(마 5:4)"라고 써서 되돌려 주었다고 합니다.

구약성경 사무엘하 9장을 보면 성군(聖君) 다윗 왕이 자기의 사랑하던 친구 요나단을 생각하여 "사울의 집에 남은 사람이 있느냐"고 하며 그의 후손을 찾는 장면이 나옵니다. 다윗 쪽에서 본 사울은 누굽니까? 지금까지 끈질기게 다윗의 목숨을 찾아 헤매다가 마침내는 블레셋 사람들과의 전투에서 패하고 사랑하는 아들 요나단도 다른 두 왕자와 함께 전사한 소식을 듣자 자기 칼에 엎어져 자결한 이스라엘의 초대 왕입니다. 사울은 끈질기게 다윗의 생명을 노렸던 원수였건만 다윗은 왕이 된 후에도 그 후손들에게 원수를 갚지 아니하고 긍휼을 베풀었습니다.

마침 사울 왕을 가까이 모셨던 시바라는 신하가 가까이 있기에 그를 불러서 "사울의 집에 남은 자가 없느냐? 내가 그 사람에게 하나님의 은총을 베풀고자 하노라"고 말했습니다. 시바가 왕에게 고하기를 "요나단의 아들 하나가 있는데 절뚝발이입니다"라고 대답하자 "그를 불러 오라"고 했습니다.

"사울의 손자 요나단의 아들 므비보셋이 다윗에게 나아와 그 앞에 엎드려 절하매 다윗이 이르되 므비보셋이여 하니 그가 이르기를 보소서 당신의 종이니이다 다윗이 그에게 이르되 무서워하지 말라 내가 반드시 네 아버지 요나단으로 말미암아 네게 은총을 베풀리라 내가 네 할아버지 사울의 모든 밭을 다 네게 도로 주겠고 또 너는 항상 내 상에서 떡을 먹을지니라"(삼하 9:6-7).

사울 왕의 어마어마한 전 재산을 손자인 그에게 다 주고 임금과 항상 마주앉아 식사한다는 것은 보통의 특권과 축복이 아닙니다. 지금까지 자기 할아버지 사울이 끈질기게 찾아 다니며 그 목숨을 죽이려고 했던 다윗 왕 아닙니까. 그가 원수의 손자인 자기를 찾았으면 당연히 죽여 마땅한데 오히려 크나큰 호의를 베풀었습니다.

그 동안 어수선한 반역 사건도 일어났습니다. 사울의 군장 아브넬이 사울의 아들 이스보셋을 이스라엘 왕으로 추대하여 2년간 다윗에게 대적한 일도 있었습니다. 이러한 상황 하에서 범인 같으면 몰락한 사울 왕가의 족보를 이 잡듯이 샅샅이 뒤져서 남은 사람들을 전멸시켰을 터인데 성군 다윗은 오히려 사울의 후손이 있으면 찾아서 그에게 긍휼을 베풀고자 했습니다.

므비보셋이 다윗 왕에게 절하며 말하기를 "이 종이 무엇이기에 왕께서 죽은 개 같은 나를 돌보시나이까?"라고 말하면서 므비보셋은 감격했습니다. 팔레스타인이나 이슬람 문화권에서는 개를 매우 더러운 동물이라 하여 집에서는 개를 기르지 못하게 하고 동네에 낯선 개가 들어오면 죽여버립니다. 므비보셋은 이아 같이 더러운 개, 그것도 죽은 개에게 자신을 비유했습니다.

"하나님이여, 죽은 개 같은 나를 돌보시나이까?"

하나님의 의(義) 앞에 우리 자신을 세워 보면 죄와 허물로 얼룩진 죽은 개 같은 상태임을 아무도 부인할 수 없을 것입니다. 다윗이 므비보셋에게 베풀었던 그러한 사랑을 하나님께서는 우리에게도 베풀어 주셨습니다. 하나님의 사랑이 무엇인지 어떠한 것인지 알지도 못하던 나에게 어느 날 갑자기 주님이 찾아와 주시고 "내가 너를 사랑했다, 내가 너를 사랑한다"고 말씀해 주시고 그 뜨거운 사랑의 열기로 나를 녹여 주시고 그 불씨를 내 가슴에 옮겨 붙여 주셔서 지금도 이렇게 그 사랑이 가슴속에 뜨겁게 불타고 있습니다.

이와 같이 우리는 주님으로부터 이미 말할 수 없는 긍휼과 은혜와 사랑을 받은 자이므로 이제 다른 사람에게 긍휼을 베풀어 주어야만 합니다. 토마스 왓슨(Thomas Watson)은 "사랑과 은혜와 긍휼은 하나님의 품속에서 나란히 살아가는 세 자매이다"라고 했습니다.

주기도문과 긍휼

어느 날 어떤 성도님 한 분이 저에게 찾아와서 심각한 표정으로 하는 말이 "목사님, 저는 양심의 가책 때문에 더 이상 주기도문을 외지 못하겠습니다. 주기도문 가운데 '오늘날 우리에게 죄 지은 자를 사하여 준 것같이'라는 구절을 욀 때마다 저는 죄를 하나씩 더 하는 느낌입니다. 그러니 주기도문으로 기도를 드릴 때 제가 입을 열지 않고 가만히 있는 것을 이해해 주세요"라고 했습니다.

이때 저는 남미여행을 다녀오신 어떤 분이 우루과이의 한 교회당 벽에 적힌 글을 베껴다 준 것이 갑자기 생각났습니다.

세상 일에만 빠져 있으면서
"하늘에 계신 아버지"라고 부르지 마라.

너 혼자만 생각하면서

"우리 아버지"라고 부르지 마라.

자기 이름을 빛내기 위해 안간힘을 쓰면서
"아버지의 이름만이 거룩하게 여김을 받으시며"라고 하지 마라.

물질 만능의 나라를 원하면서
"아버지의 나라가 임하게 하시며"라고 하지 마라.

내 뜻대로 되기를 원하면서
"아버지의 뜻대로 이루어지게 하소서"라고 하지 마라.

죽을 때까지 먹을 양식을 쌓아두고
"일용할 양식을 주소서"라고 하지 마라.

누구에겐가 노여움을 품고 있으면서
"우리에게 죄 지은 자를 용서해 준 것같이"라고 하지 마라.

죄 지을 기회를 찾아 다니면서
"우리를 시험에 들게 하지 마옵소서" 하지 마라.

악을 보고도 아무런 양심의 소리도 듣지 않으면서
"다만 악에서 구하소서" 하지 마라.

주기도에 나의 삶을 전적으로 바칠 각오도 없이
"아멘"이라고 하지 마라.

그리고 이 집사님은 한술 더 떠서 "목사님! 우리 교회에서 자기 양심의 가책을 받지 않고 주기도문으로 제대로 기도할 수 있는 사람이 과연 몇 명이나 될까요? 그러니 목사님, '다같이 주기도문으로 기도드립시다' 라는 순서는 예배 때 좀 생략하는 게 어때요?"라고 했습니다. 이때 저는 이분의 손을 꼭 붙잡고 이렇게 물었습니다. "집사님, 집사님께서 남을 용서해 주는 것 때문에 그 보상으로, 그 대가로 하나님께서 집사님의 죄를 용서해 주시고 집사님을 구원해 주셨다고 생각하십니까?" 하고 되물었습니다. 그는 한참 머뭇머뭇하더니 "아녜요"라고 대답했습니다. 그에게 저는 다음과 같이 설명해 주었습니다.

"전적으로 타락하고 전적으로 부패한 인간은 절대로 자기 자신을 구원할 수가 없습니다. 이것은 마치 물에 빠져서 떠내려가는 사람과 같아서 자기의 노력으로 살아보려고 필사적으로 허우적거리지만 그럴수록 그는 물 속으로 더 깊숙이 빠져들어가는 것과 같습니다. 그러나 외부에서 누가 무조건적으로 건져줄 때 그는 살아날 수가 있는 것입니다"라고 했더니 그후부터는 그의 태도가 달라졌습니다.

'내가 용서하면 하나님도 용서해주신다', '네 행위가 올바르면 하나님이 그것을 보고 너를 구원해 주신다', 이것은 율법주의의 잘못된 구원관입니다. 이러한 율법주의 구원관에 입각해서 생각해 볼 때 솔직히 말해서 이 세상에 과연 구원받을 사람이 얼마나 되겠습니까. 성경은 분명히 말합니다. 이렇게 해서 구원받을 자 하나도 없다고! 전에도 없었고 현재도 없고, 앞으로도 없을 것이라고 성경은 확실하게 강조합니다.

신약성경 에베소서(2:8)에서 사도 바울은 분명히 말합니다. 구원은 은혜로 말미암아 믿음으로 얻는 것이므로 하나님의 공짜 선물이라고 했습니다. 값없이 주시는 공짜 선물에 무슨 교환 조건이 있을 수가 있습니까? 내가 받았으므로 주는 것이지 내가 주므로 받는 것이 아닙니다.

하나님이 나를 먼저 사랑하셨기에 나는 이것으로 남을 사랑할 수 있고, 하나님이 나를 먼저 용서하셨기에 나도 이것으로 남을 용서할 수 있는 것입니다. 내가 남을 얼마나 사랑하는가 그 정도를 보고 그것을 전제조건으로 하나님이 나를 사랑하시는 것이 아닙니다. 내가 남을 얼마나 용서하느냐 그 정도와 상태를 보고 하나님께서도 내 죄를 용서해 주시는 것이 아닙니다. 그러기 때문에 마태복음 18장에서(비유로 말씀하신) 1만 달란트 탕감받은 자의 이야기는 구원의 조건과 방법을 가르쳐 주는 것이 아니고 구원받은 성도가 어떻게 살아야 하는가를 가르쳐 주는 교훈이라고 할 수 있습니다.

빚 탕감받은 자

금 일만 달란트 빚진 자가 하도 근심 걱정을 많이 하기에 마음씨 좋은 채권자가 빚을 받지 않겠다고 탕감해 주었습니다. 그런데 이 사람이 곧 자기에게 일백 데나리온 빚진 자의 멱살을 잡고 당장 빚을 갚으라고 하며, 그의 앞에 엎드려 "나를 참아주소서. 내가 갚겠나이다" 하면서 간절하게 비는 동관(同官: 주인 집에서 일 보아 주는 동료)을 끌고 가서 옥에 가두는 장면을 다른 동관들이 보고 주인에게 다 고해 바쳤습니다. '자기는 금 일만 달란트의 어마어마한 거액의 빚을 탕감받고도 일백 데나리온 푼돈 빚진 동관을 잡아서 옥에 가두다니!' 이 보고를 받은 채권자는 기가 찼습니다.

황금 일만 달란트는 미화(US Dollar) 1,000만 달러에 해당하는 어마어마한 거금입니다. 일백 데나리온은 미화 20달러의 작은 금액입니다. 그 비율이 약 50만 배에 해당하는데 이러한 거금을 탕감받고도 소액의 푼돈 빚진 동료를 용서해 주지 못하는 이 악한 종의 이야기는 마치 우리 자신들의 이야기와 비슷하게 들려옵니다. 하찮은 일로 저 사람이 나를 무시하고 내게 함부로 한다는 것 가지고 그를 용서하지 못할 때 그후부터 전개되는 문제는 그에게 있는 것이 아니라 나에게 있는 것입니다.

'일백 데나리온 빚진 자를 네가 먼저 탕감해 주고 용서해 주면 그 조건으로 나도 너에게 황금 일만 달란트 빚진 것을 탕감하고 용서해 주겠다'는 조건을 붙인 것이 아니고, 주인은 무조건 탕감해 주고 무조건 용서해 주었습니다. 하나님의 용서도 무조건적인 용서입니다. 과거, 현재, 미래 그 어떤 것도 하나님의 용서는 조건 첨부의 용서가 아닙니다.

그러나 이와 같은 무조건적 용서를 받은 자들이 이제 조건을 걸어서 남을 판단하고, 남을 심판하게 될 때 무조건 베풀었던 그 용서를 다시 조건적으로 하나님이 바꾸시겠다는 것입니다. 그러므로 우리는 절대로 남을 판단하면 안 됩니다. 우리는 무조건 남을 용서해 주어야 합니다. 일만 달란트 빚진 사람이 용서받고 주인집에서 나가다가 그 집 바로 앞에 있는 골목길에서 자기에게 일백 데나리온 빚진 사람을 만나서 50만분의 일도 안 되는 사소한 것도 용서하지 아니하므로 주인이 그를 다시 불러 이미 용시했던 사건을 서론하고 문책한다는 것입니다.

"그러면 너도 갚으라" 했으니 이 사람이 이 빚을 갚을 수 있겠습니까? 처벌을 받을 수밖에 없지요. 주인의 은혜가 아니고 곧이곧대로 갚으라고만 할 때 이 사람이 감옥 이외에 어디에 가겠습니까?

여러분, 만일 우리가 행한 대로 주님이 우리에게 모두 갚으신다면 주님 앞에 구원받을 자 누가 있겠습니까? 상한 갈대를 꺾지 아니하시고 꺼져가는 등불을 끄지 아니하시는 주님께서 인자와 긍휼로 우리를 대해주시기 때문에 저와 여러분이 주님 앞에 설 수 있는 것입니다.

만일 우리 하나님에게 의(義)만 있고 긍휼이 없었다면 인류는 오래 전에 이미 하나님의 심판으로 멸망당했을 것입니다. 반대로 하나님에게 긍휼과 사랑은 있는데 의가 없다면 세상은 무질서와 혼돈의 아수라장이 되었을 것입니다.

사랑-은혜-긍휼

이와 같이 긍휼은 의(義)와 결코 분리될 수가 없습니다. 그리고 사랑과 은혜와 긍휼은 매우 가까운 뜻을 내포하고 있습니다. 사랑이 마치 애인을 방문하는 친구와 같은 것이라면, 긍휼은 병자를 방문하는 의사와 같은 것이라고 토마스 왓슨은 말합니다. 또한 죄 가운데 있는 사람에게 베푸시는 하나님의 애정이 은혜라면, 긍휼은 죄의 결과로 비참한 구렁텅이에 빠져 있는 사람에게 뛰어가서 건져주는 무조건적 행동이라고 정의할 수가 있습니다.

로마서(1:31)에서 바울은 인간의 성품을 우매한 자, 배약하는 자(약속을 잘 어기는 자), 무정한 자, 무자비한 자(긍휼이 조금도 없는 자)라 하였고, 하나님의 성품은 본래부터 긍휼이 무한하신 분이라고 했습니다. 시편 86편 15절에서 "주는 긍휼히 여기시며 은혜를 베푸시며 노하기를 더디하시며 인자와 진실이 풍성하신 하나님"이라고 했습니다.

"긍휼히 여기는 자는 복이 있나니 그들이 긍휼히 여김을 받을 것임이요"(마 5:7)라는 이 우리말 성경 표현은 원래의 의미를 잘 살리지 못하고 있습니다. 새국제영역성경(NIV)에는 이 부분이 좀더 잘 번역되어 원래의 의미를 정확히 살려내고 있습니다.

"긍휼이 많은 자는 복 받은 자이다. 왜냐하면 그들은 긍휼 가운데 있는 자신들을 본 것이기 때문이다."(Blessed are the merciful for they will be shown mercy.)

이렇게 번역한 것은 "장차 하나님으로부터 긍휼함을 받을 사람들, 다시 말하면 허물의 사함을 얻고 그 죄의 가리움을 받은 자 곧 여호와께 정죄를 당치 않은 자는 복이 있도다"라고 시편 32편에서 다윗이 고백하고 있는 말과 같은 의미입니다.

긍휼은 헬라어로는 "엘에몬"(cleemon), 히브리어로는 "제세드"(chesedh)인데 이 말은 상대방의 피부를 뚫고 들어가서 상대방과 똑같이 느끼는 것, 다시 말해서 역지사지의 감정에 상대방이 당하고 있는 고통, 슬픔, 눈물을 제거해 주고자 하는 열망과 그에 따르는 행동이 동반되는 것을 말합니다.

주변을 한번 둘러보십시오. 굶주린 자, 헐벗은 자들이 얼마나 많습니까? 그보다도 이제 지구 종말이 얼마 남지 않았는데 이를 알지 못하고, 마치 기차가 눈앞에 다가오고 있는데도 알지 못하고 레일 위에서 소꿉장난을 하고 있는 아이들처럼, 마치 6·25 때 한강철교가 끊어진 줄 모르고 밀고 내려오다가 산더미처럼 한강에 빠져 죽어가던 군상들처럼, 지옥불을 알지 못하고 뛰어드는 불나방 운명의 인생들을 향하여, 우리가 긍휼의 심정을 가질 때 우리에게는 비로소 선교의 안목이 열리고 주님의 지상명령인 선교에 순종할 수 있는 마음을 가지게 됩니다. 이렇게 될 때 우리 마음에 비로소 선교적 열정이 타오르고 선교적 부담이 일어나게 되는 것입니다.

지금 지구의 인구는 약 65억입니다. 이중에 정상적으로 음식을 먹지 못해 굶주려 죽어가는 인구가 20%에 해당하는 13억입니다. 의사의 간단한 의료 혜택만 받아도 수명이 30~40년 연장될 인구가 이중에서 태반이라 합니다. 아직도 중앙아메리카 인디언들은 문맹률이 90%가 넘습니다. 우리가 그리스도의 사랑으로 모든 것을 풍성히 받았으니 이들에게 긍휼을 베푸는 것이 당연하고, 마땅히 가서 도와야 합니다.

그런데 영적 빈곤이 물질적 빈곤보다 더 불쌍합니다. 물질적 빈곤은 일시적이지만 영적 빈곤은 영원하기 때문입니다.

모든 사람들에게 진정으로 필요한 것은 복음입니다. 복음은 인간의 상처를 어루만져 주고 치료해 주는 것입니다. 복음은 인간의 속박을 깨닫게 해주고 참자유를 줍니다. 복음은 인간의 벗은 몸을 알게 해주고 깨끗한 옷을 입도록 합니다. 복음은 인간의 빈곤을 깨닫게 해주고 생명의 풍성한 양식을 줍니다. 복음은 인간의 죄를 깨닫게 해준 후에 주님을 소개해 줍니다.

진정한 긍휼은?

우리는 하나님으로부터 헤아릴 수 없는 많은 은혜를 받은 자들입니다. 마치 금 일만 달란트의 빚을 탕감받은 자처럼 큰 죄를 용서받고 영적, 물질적 축복도 많이 받았습니다. 그러므로 이제 우리는 우리 주위의 사회적으로, 문화적으로, 도덕적으로 빈곤한 사람들에게 긍휼을 베풀어 주어야 합니다. 그리스도를 알지 못하고 멸망으로 빠져가는 자들에게 복음을 전함으로 긍휼을 베풀어야 합니다. 긍휼이 동정심이나 공감만으로 끝나버린다면 진정한 긍휼이 되지 못합니다. 긍휼은 동정심이 행동으로 옮겨질 때만이 진정한 것입니다.

행동이 빠져버린 긍휼은 마치 강도 만난 사람 옆으로 지나가던 제사장이나 레위인과 같습니다. 그들은 강도 만난 사람 옆으로 지나가면서 "아, 그것 참 안되었소. 어쩌다 저렇게 어려움을 당했을까? 딱하기도 해라"(혀를 차면서) 하고 동정심을 가졌지만 그냥 지나가 버리는 것과 같습니다.

하와이 나환자들에게 처음으로 기독교 복음을 전파한 성자 다미엔 선교사는 "당신이 우리나 환자들의 고통을 어떻게 상상이나 할 수 있겠느냐"고 하면서 저들이 몸 성한 사람의 동정 어린 전도를 받기 싫다고 거절할 때 하나님께 기도하고 드디어 자기의 피부에 상처를 내고 나병균을 발라서 스스로 나병환자가 된 후에 그들에게 가서 보이고 복음을 전했습니다. 그때야 비로소 그들은 복음

미국 ATS의 총장을 역임한 Dr. Rambo 총회장과 필자(C&MA 미네소타 총회 단상에서)

을 받아들였습니다. 그들의 아픔을 친히 행동으로 체험하면서 그들에게 예수 그리스도의 피 묻은 복음을 전한 이 눈물겨운 선교역사의 한 페이지를 생각하면서 저는 다음과 같이 기도합니다.

고마우신 주님, 남에게 대하여 긍휼의 마음을 가진 자가 행복한 자임을 우리에게 말씀하여 주시고 행동을 동반한 긍휼이 참긍휼임을 일깨워주시고 도전하여 주심을 감사드립니다.
주님, 주님께서는 우리가 도저히 갚을 수 없는 금 일만 달란트 이상의 큰 빚을 대신 갚아주셨는데 우리는 우리에게 하잘것없는 소액 빚진 것 때문에 싸우고 찢고 미워하고 다투어 왔습니다. 용서하여 주시기를 간절히 바랍니다.
주님, 이후부터는 우리도 주님을 닮아 긍휼이 풍성한 삶을 살게 해주시기를 긍휼이 풍성하신 예수 그리스도의 이름으로 기도드립니다. 아멘.

7장 마음이 청결한 자의 행복

THE HAPPINESS OF THE PURE IN HEARTS

••• 마태복음 5장 8절 •••
마음이 청결한 자는 복이 있나니
그들이 하나님을 볼 것임이요

기독교는 마음의 종교

　기독교는 하나님의 계시 의존의 신앙이지 일반 타종교들과 같은 치원에서의 수련구득 종교가 아닙니다. 그러나 굳이 종교라고 이름을 붙이자면 '마음의 종교'라고 할 수 있습니다. 타종교는 물질, 건강, 권력, 명예를 빌어 주는 소위 '기복신앙의 종교'이지만 기독교는 길을 잃고 헤매는 인생들에게 하나님의 형상대로 지음받은 본래의 상태로 마음을 돌리게 하여 마음에 안정과 행복을 찾아 주는 종교입니다.
　이 길의 입문(入門)은 가난한 마음의 상태에서 출발해야 합니다. 마음이 부유하여 교만한 자는 이 길을 찾지 아니하고 자기들의 길 곧 멸망의 길로 가는 것입니다.
　주님께서는 머리가 가난한 자가 행복한 자라고 말씀하지 않았습니다. 머리가 가난한 자를 세상 속된 말로 '골빈자' 또는 '골빈

당'이라고 하며 이런 자들은 요즘 쉽게 왕따의 표적이 됩니다. 기독교는 결코 지성을 배제하는 반 지성의 종교가 아닙니다. 지금까지 세계 역사를 흔들고 주름잡고 이끌었던 지도자들 거의 모두가 기독교 지성인이었습니다. 그렇다고 기독교는 지식의 종교도 아닙니다.

또 본문에서는 행위가 깨끗한 자가 복이 있다고 하지 아니하고 마음이 깨끗한 자가 복이 있다고 한 것은 기독교가 단순히 윤리 도덕의 종교가 아니라는 뜻입니다. 그렇다고 기독교가 반윤리, 몰도덕적 종교도 아닙니다.

퀘이커 교도들은 마음을 깨끗이 하고 하나님의 직접적인 음성을 듣고 직접계시를 받기 위해서 세상과의 모든 관계와 교제를 끊고 TV, 라디오, 신문, 비행기, 기차, 자동차는 물론 전기, 전화, 컴퓨터 등의 사용을 비롯해서 모든 문명의 이기를 거부하면서 살아가는 자들입니다. 여호와의 증인들은 그들의 신앙을 이유로 군입대를 반대하고 헌혈을 거부함으로 아까운 생명을 그들의 신앙적 이유 때문에 죽음으로 몰고 가는 반윤리적 종교입니다.

소위 구원파라고 하는 기독교의 한 이단종파는 "한 번 구원받은 사람은 어떤 행동을 해도 그것이 죄가 되지 않는다"는 교리 때문에 '세월호 참사'라는 커다란 국가적 비극을 초래한 죄를 짓고도 뉘우치거나 책임지려고 하지 아니하고 그 지도자가 숨어다니다가 처량하게 죽어갔습니다. 이를 볼 때 그들을 일찍이 이단으로 지적하고

세월호 침몰 장면

초교파적으로 경고해 온 기독교는 결코 윤리와 도덕을 버린 종교가 아니라는 것을 알 수 있습니다.

구약성경 잠언 16장 32절에, "노하기를 더디하는 자는 용사보다 낫고 자기의 마음을 다스리는 자는 성을 빼앗는 자보다 낫다"고 했습니다. 우리의 마음은 인격이 머무르는 집인데 이 집을 어떻게 관리하느냐 그리고 이 집안의 정돈 상태, 청결 상태에서 그 사람의 인격의 모습이 그대로 반영되는 것입니다.

우리는 날마다 마음 관리를 잘해야만 합니다. 일순간이라도 마음 관리를 소홀히 하면 죄가 어느새 우리 마음에 들어와서 둥지를 틀고 살게 됩니다. 죄가 우리 마음으로 들어오는 것을 막을 수는 없습니다. 그러나 그것이 우리 마음에 깃들이고 사는 것은 우리의 책임입니다. 종교개혁자 루터(Martin Luther)는 말하기를 "까마귀가 우리의 머리 위를 날아가는 것은 어쩔 수 없다. 그러나 까마귀가 머리 위에 둥지를 틀고 머무르는 것은 우리의 책임이다"라고 했습니다.

집 관리를 잘하는 사람들은 아침 저녁으로 부지런히 집안을 청소하는 것을 봅니다. 집은 깨끗이 쓸고 닦아도 또 먼지가 쌓이고 습기가 끼어서 곰팡이가 슬고 박테리아가 번식하는 것을 봅니다. 우리의 마음도 그냥 두면 어느새 죄악의 박테리아가 번식하고 죄악의 곰팡이가 슬어서 마음이 병들게 되는 것입니다. 그러므로 우리는 날마다 마음을 깨끗하게 청소하는 일이 필요합니다.

우리의 마음은 무심코 가만히 두면 99.99% 세상 공중 권세 잡은 사탄 마귀의 놀이터가 되어버립니다. 무심코 있을 때 우리 마음 속에 들어오는 생각의 99.99%는 사탄 마귀가 집어 넣어 주는 것이라 생각하면 옳습니다. 이때 우리는 그 생각들을 예수 이름으로 내쫓아야 합니다. 하나님의 능력의 말씀으로 쫓아내야 합니다.

전지 전능하신 예수님께서도 광야에서 40일 금식기도 하실 때 무척 배고픔을 느끼셨습니다. 이때 사탄 마귀가 시험해 왔습니다. 예수님은 말씀으로 이를 물리치셨습니다.

"사람이 떡으로만 사는 것이 아니요 하나님 아버지의 입으로 나오는 말씀으로 살 것이니라."

우리 마음에 하나님의 말씀을 둠으로써, 마음을 단단히 지켜야 합니다. 우리 인생에게는 이 마음 관리가 그의 일생을 좌우해 버립니다. 우리의 마음을 항상 공부하는 데 두는 사람은 학자가 될 것이요, 돈 버는 데 두는 사람은 장사해서 부자가 될 것이요, 정치에 관심을 두면 정치가가 될 것이요, 전쟁에 갖다 두는 사람은 군인이 될 것이요, 에디슨처럼 발명하는 데 두면 발명가가 됩니다.

여러분은 마음을 항상 주님 계신 천국에 갖다 두면서 주님 오실 때까지 기다렸다가 주님 재림하실 때 한 사람도 빠짐없이 천국 어린 양의 혼인 잔치에 다 참여할 수 있기를 바랍니다.

마음 청결의 의미

"마음이 깨끗하다"는 뜻이 무엇인지에 대해서 살펴보기로 하셨습니다. 먼저 "깨끗하다"라는 헬라어 "카타로스"(Katharos)를 분석해보면 세 가지 뜻이 있습니다. 이 말은 "우유나 포도주에 물을 타지 아니한 순수한 진액"을 가리킬 때, 혹은 "금속에 다른 합금이 섞이지 아니한 상태"를 가리켜 "카타로스"라고 했습니다.

예수님은 제자들에게 "누구든지 어린 아이와 같이 되지 아니하면 결단코 하늘나라에 들어갈 수 없다"고 하셨는데, 이 말씀은 '어린 아이에게는 죄가 없다'는 뜻이 아닙니다. 어린 아이는 무슨 일을 할 때나 그 동기(motive)가 단순하고 깨끗하다는 것입니다. 어린 아이들은 무슨 일을 할 때나 거기에 어떤 다른 잡된 생각이나 더러운 욕심이나 악한 의도가 섞이지 아니하였다는 뜻입니다. '모티브'

(Motive)가 순수하다는 것입니다.

우리가 어른을 섬길 때 '어른을 섬김으로써 내게 어떤 유익이 돌아올 것이다' 라고 생각해서 섬기는 것이 아니라 '어른을 섬기는 것이 나의 당연한 도리다' 라고 생각해서 지성으로 섬겨야 하는 것입니다.

조그마한 어느 시골 마을에 주일학교를 잘 다니는 한 어린 아이가 있었습니다. 그 아버지가 어둠이 짙은 그믐날 밤에 이 아이를 데리고 동네 어귀에 있는 남의 집 무밭으로 가서 무를 뽑습니다. 아이를 길 모퉁이에 세워두고 누가 오거든 돌멩이를 "똑! 똑! 똑!" 세 번 두드리라고 가르쳤습니다. 한참 신나게 무를 뽑는데 "똑 똑 똑" 돌 두드리는 소리가 났습니다. 얼른 무밭에서 나와 아이와 함께 도망가면서 보니까 아무도 없었습니다.

"옛끼 이놈. 네가 장난을 쳤구나."

"아녜요, 그분은 지금도 우리를 내려다 보고 계세요. 그분은 하나님이에요. 저 위에서 보신단 말이에요."

티없이 맑은 아이의 마음, 이 얼마나 순수합니까? 이 아이야말로 진실로 하나님을 보고 있지 않습니까?

"마음이 청결한 자는 복이 있나니 그들이 하나님을 볼 것임이요"

그런데 우리의 마음 상태는 어떠합니까? 구약 예레미야 17장 9

절에는 "만물보다 거짓되고 심히 부패한 것은 마음이라 누가 능히 이를 알리요마는"이라고 했습니다. 이 세상 만물 가운데 가장 더러운 것이 인간의 마음이라고 했습니다.

예수님도 이와 의견을 같이 하셨습니다. 마태복음 15장 17-20절에서 예수님은 손 씻지 아니하고 제자들이 음식 먹는 것을 비방하는 바리새인들을 향하여 "입으로 들어가는 것은 배로 들어가서 뒤로 내어버려지는 줄을 알지 못하느냐. 입에서 나오는 것들은 마음에서 나오나니 이것이야말로 사람을 더럽게 하느니라. 마음에서 나오는 것은 악한 생각과 살인과 간음과 음란과 도적질과 거짓증거와 훼방이니 이런 것들이 사람을 더럽게 한다"고 하셨습니다.

마음을 청결하게 하는 방법

우리 마음이 이렇게 더러움으로 가득한데 어떻게 깨끗이 할 수가 있겠습니까?

열왕기하 5장에 나오는 아람의 군대장관 나아만은 요단강 물에 일곱 번 씻어서 몸의 문둥병이 깨끗해졌습니다. 마음에 문둥병 걸린 것처럼 더럽혀져 있는 우리는 갈보리 십자가에서 흘려주신 예수 그리스도의 피로 씻음 받을 때 깨끗함을 얻을 수가 있습니다.

예수의 피로 나의 죄씻음을 받고 예수의 피가 나의 혈관을 흐를 때 이제는 내가 산 것이 아니요, 내 안에 그리스도께서 사신 것입니다. 나는 십자가에 죄와 함께 못박혀 죽고 이제는 내 안에 그리스도께서 사신 것입니다. 나는 죽고 내 안에 예수 그리스도가 살아 계십니다.

그리스도가 내 안에 사시기 때문에 이제는 내 마음도 내 것이 아닙니다. 사랑에 심취한 연인들 사이에는 "내 마음 나도 몰라!" 하는 말이 오가듯이 거듭난 후의 그리스도인들도 내 마음은 이제 나의 것이 아니라고 고백해야 합니다. 우리는 모두 다 영적 의미로 예수 그리스도의 심장으로 심장 이식수술을 받은 자들입니다.

"너희 안에 이 마음을 품으라 곧 그리스도 예수의 마음이니!"(빌 2:5).

우리 안에 그리스도 예수의 마음, 죽기까지 겸손하시고, 자기 몸을 비워 죄인 되었던 우리를 위하여 대속물로 내어주셨던 온유하시고 사랑이 많으신 주님의 마음! 그 마음을 품기 위해 항상 쉬지 아니하고 기도에 힘쓰고 말씀을 가까이 할 때 우리는 이러한 주님의 마음을 품을 수가 있습니다.

우리가 죽기보다도 더 죄를 미워할 때 이 마음을 품을 수가 있습니다. 주님은 죄와는 한자리에 있을 수가 없으므로 죄를 미워하고 죄를 피할 때 주님께서 우리 마음에 찾아와 주시는 것입니다.

마음이 청결한 자의 행복

　마음이 청결한 자는 어떠한 복을 누립니까? 본문 마태복음 5장 8절에서 "마음이 청결한 자는 복이 있나니 그들이 하나님을 볼 것임이요"라고 했습니다. 하나님을 볼 수 있는 사람은 행복한 사람입니다. 마음이 깨끗지 못한 자는 영적 소경이 된 자이기 때문에 하나님을 볼 수 없습니다.
　또 하나님을 볼 수 있다는 것은 하나님과의 교제를 의미합니다. 우리의 마음이 깨끗한 상태에 있을 때 하나님께서는 성령님으로 우리 마음에 임재하십니다. 하나님은 속성이 거룩하신 분이기 때문에 죄로 더럽혀져 있는 우리 마음에는 찾아오실 수가 없습니다. 만일 세상이 시당도 파리기 우글거리고 음식 그릇에 파리가 빠져 있고 머리카락이 빠져 있고 이 구석 저 구석 썩는 쓰레기가 쌓여 있다면 손님들이 찾아오지 않을 것입니다. 우리 마음이 이보다도 더 더러운데 어찌 거룩하신 하나님께서 여기 찾아오시겠습니까?

　그런데 사람들은 처음부터 죄인으로 태어나기 때문에 어느 누구 하나 예외없이 본래 자연인 상태에서 마음이 깨끗한 사람은 아무도 없습니다. 그러나 우리는 예수 그리스도의 보혈로써 더럽혀진 우리 마음을 도배해 버리면 깨끗함을 입을 수 있습니다.
　마치 더러운 집을 흰 페인트로 칠하면 더러운 요소들이 완전 사라지는 것이 아니라 흰 페인트에 가려져 깨끗하게 보이는 것과 같은 이치입니다. 하나님께서는 우리를 대하실 때 예수 그리스도의 깨끗한 피만 보시고 그 뒤에 가려진 죄로 얼룩진 마음은 보지 않고 우리에게 찾아와 주시고 우리와 교제해 주시는 것입니다.

하나님 형상을 닮음

우리가 하나님을 본다는 것은 하나님의 형상을 닮는다는 것을 의미합니다. 부부가 오래 함께 살다 보면 모습이나 성품이 비슷하게 닮는다고 합니다. 매일 쳐다보고 살기 때문입니다. 우리가 매일 주님을 바라보면서 살면 우리도 주님을 닮습니다. 주님의 이름을 부르며 주와 더불어 거하기를 즐겨하는 사람들 속에 주님은 그의 흔적을 남기십니다. 마침내 우리는 주님의 영광스러운 모습을 닮은 존재로 어느 날 주님 앞에 세워질 것입니다.

여러분은 자녀들을 바라보면서 흐뭇해하지요? 왜 그렇습니까? 바로 부모를 닮았기 때문입니다. 지금 주님도 그러한 심정일 것입니다. 조금이라도 더 성숙한 인격의 소유자는 조금이라도 더 주님을 닮은 사람들이므로 주님이 더 흐뭇해 하시고 더 기뻐하십니다. 우리가 불원간에 주님 앞에 설 날이 올 텐데 "애야, 네 모습이 그게 뭐냐?"라는 소리 듣지 않기 위해서라도 저와 여러분은 날마다 주님의 형상을 본받는 삶을 살아야 하고, 그러기 위해서는 우리의 마음을 청결히 하는 일부터 해야 하겠습니다.

8장

화평하게 하는 자의 행복

THE HAPPINESS OF
THE PEACE MAKER

••• 마태복음 5장 9절 •••
화평하게 하는 자는 복이 있나니
그들이 하나님의 아들이라 일컬음을 받을 것임이요

평화의 열망은 인간의 보편성

이스라엘 사람들은 인사말로 "샬롬"이란 말을 많이 사용합니다. 그들은 샬롬을 만드는 자, 샬롬을 가져오는 자, 샬롬을 이룩하는 자는 행복한 자라고 했습니다. 샬롬은 "평화"(peace) 또는 "화평"이라고 번역해도 됩니다. 그러나 한글성경 번역에는 "평화를 가져오는 자의 복"이라 하지 아니하고 굳이 "화평케 하는 자의 복"이라고 했는데 그 이유는 히브리말 "샬롬"의 뜻을 정확히 알지 못하면 이해할 수가 없습니다.

러시아의 대문호 톨스토이의 명작 《전쟁과 평화》는 그 제목에서 암시하듯이 "평화"라고 하면 "전쟁이 없는 상태"를 말합니다. 곧 '밖으로 나타난 외부적인 관계에서 문제성이 없다'는 부정적인 의미로 쉽게 이해되는 말이 "평화"라는 말입니다. 그런데 "화평"이란 단순히 "평화"라는 말의 어순만 바꾸어서 사용한 동의어라기보다는 평화에 대한 내적, 본질적, 근원적, 최고의 선을 추구하는 의미가 바로 화평이라는 말에 상응하는 "샬롬"의 본래 의미입니다.

인간에게 최고의 선은 무엇입니까? 그것은 곧 영원한 평화를 주시는 여호와 하나님을 경외하며, 예배하며 그를 영화롭게 하는 것입니다. 히브리인들이 인사할 때 '샬롬'이라고 하는 것은 "여호와 하나님이 주시는 평화가 여러분에게 함께하시기를 기원합니다"라는 뜻이 담겨 있습니다. 인사말 하나만 보아도 히브리인들이 얼마나 평화를 사랑하며 그 평화의 근원 되신 여호와 하나님과의 좋은 관계를 사모하는 종교적 선민인지 알 수가 있습니다.

톨스토이 작 〈전쟁과 평화〉에서 모스크바로 진격하는 나폴레옹 군대

8장 | 화평하게 하는 자의 행복　129

제가 대학교 3학년 때 R.O.T.C 군사훈련을 받았는데 그때 한 교관이 군사학을 강의하면서 칼폰 클라우제비츠가 쓴 《전쟁론》의 한 구절을 이렇게 인용하였습니다. "전쟁은 잠자는 인류의 맥박을 힘차게 뛰게 하며, 전쟁은 잠자는 인류의 심장의 고동소리를 드높여 주며, 생의 의욕을 북돋아 주며, 생존의 애착과 나의 존재를 재확인시켜 주는 아름다운 인류문화의 중요한 일부분이다"라고 전쟁을 예찬했습니다.

이렇게 침이 마르도록 클라우제비츠의 전쟁론을 열강하던 교관의 모습을 그려 보면서 그후 10년 뒤 미국 유학 기간 중 뉴욕에 있는 유엔 본부를 방문하고 유엔 빌딩 정면에 새겨진 성경말씀을 읽으면서 매우 큰 감동을 받았습니다.

바로 이사야 2장 4절 말씀이었습니다.

"그가 열방 사이에 판단하시며 많은 백성을 판결하시리니 무리가 그들의 칼을 쳐서 보습을 만들고 그들의 창을 쳐서 낫을 만들 것이며 이 나라와 저 나라가 다시는 칼을 들고 서로 치지 아니하며 다시는 전쟁을 연습하지 아니하리라."

이사야가 이제 곧 전쟁이 없는 평화의 상태가 올 것이라고 예언한 이 말씀은 그 당시 상황으로 볼 때는 하나의 공상에 지나지 않았습니다. 왜냐하면 그때는 역사상 가장 전쟁이 많은 시기였기 때문입니다.

전쟁과 평화

사람들이 평화를 사랑하는 것은 치열한 전쟁을 체험한 후라고 합니다. 피 묻은 칼, 아직 화약 냄새가 풍기는 총을 멘 군인일수록 평화를 더욱 갈망하는 것입니다.

4천 년이 넘는 긴 인류 역사상에서 전쟁이 없었던 시기는 겨우 300년밖에 안 되고 3,700년 동안은 치열한 전쟁이 계속되었습니다. 서기 1480년부터 1948년 유엔이 창설되기까지 약 460여 년 동안 영국은 78회의 전쟁을 치렀고, 프랑스는 64회, 오스트리아는 52회, 독일은 23회, 미국은 13회, 중국은 11회의 전쟁을 치렀다고 하니, 인류 역사는 다른 말로 바꾸어 표현하면 화약 냄새와 피로 얼룩진 전쟁의 역사라고 해도 과언이 아닙니다.

제2차 세계대전 직후 전 세계적으로 여론조사를 실시한 일이 있었는데 그때 인류에게 가장 절실하고도 필요한 것이 무엇이냐고 물었습니다. 당시는 전쟁 직후라서 식량 사정이 어렵고 주택이 파괴되어 수많은 사람들이 집을 잃고 거리에서 방황할 때라 당연히 기대되는 대답은 식량, 가옥, 약품 등의 물질적인 대답일 것이라고 생각했으나 결과는 전혀 뜻밖이었습니다.

절대다수의 응답자가 "평화"라고 했습니다. 그들은 진심으로 평화를 갈망한다고 응답했습니다. 이 지구상에 다시는 전쟁이 없는 평화로운 시대에 한번 살아 보았으면 하는 것이 온 인류의 간절한 열망이었건만 아직도 평화는 우리에게 요원하며 지구 도처에 불을 뿜는 전쟁이 아직도 계속되는 것은 무엇 때문입니까?

세계의 평화 수호를 위한 경찰국가로 자부하는 미국이지만 자국의 대사관 테러행위에 대한 혐의가 있다고 해서 수단과 아프가니스탄 두 국가를 미사일로 사정없이 공격해서 몇몇 목표지점을 불바다로 만들어 버리고, 쿠웨이트를 침공한 이라크를 거의 초토화시켜 버리는 것을 볼 때 "평화의 정체가 과연 무엇인가?"라는 질문을 하지 아니할 수가 없습니다.

민족과 민족이 다시는 싸우지 말자고 전쟁방지조약을 체결하지만 그 조약문서에 서명한 잉크가 채 마르기도 전에 다시 전쟁을 하게 되고, 국제연맹과 국제연합 등의 전쟁방지기구를 만들었지만 이것이 결코 이 지상에서 총소리를 멎게 하지는 못하였습니다.

그런데 사람들이 이렇게도 염원하고, 민족과 국가들이 있는 힘을 다하여 세계평화를 이루기 위해 노력함에도 불구하고 지구상에서 분쟁과 전쟁이 끊임없이 일어나고 있는 것은 무슨 까닭입니까?

그것은 평화가 솟아나는 샘의 근원이 국가나 민족이나 유엔(UN)이 아니고 인류 한 사람 한 사람의 마음(心)이기 때문입니다. 인류 한 사람 한 사람의 마음이 청결하게 바꾸어지지 아니하고, 마음속에 욕심의 쓰레기가 잔뜩 쌓여 있는 동안 인류의 평화는 그림의 떡에 불과합니다.

사람을 가리켜서 누군가는 "걸어다니는 내란"이라고 하였습니다.

인간의 타고난 육성 그대로는 어디를 가든지 분쟁과 싸움이 따라다닌다는 말입니다. 내 마음의 욕망이 깨끗이 정리되고 내 자아와 모든 교만이 죽지 아니하고는 절대로 완전한 평화를 기대할 수 없습니다.

오늘날 평화의 문제는 민족과 국가 간의 문제만이 아니라 나의 가정, 나의 교회, 나의 직장 아니면 나 자신과 나 자신 안에 있는 또 다른 자아 사이의 문제인지도 모릅니다.

저는 최근에 봉직했던 대학에서 학기말 시험을 치르는 중에 한 수강생으로부터 말로는 차마 표현할 수 없는 어처구니없는 큰 봉변을 당했습니다. 그 학생은 K시내 모 유명한 교회의 장로였고 모 지방대학의 현직 교수로 재직하고 있었는데 목사가 되기 위해서 신학대학원 야간부 목회학 석사과정에 입학해서 주경야독하는 학생이었습니다. 목사양성대학원 과정이기 때문에 시험은 그의 인격을 믿고 무감독으로 실시했습니다. 교수연구실 테이블 한쪽에서 답안을 쓰게 하고 밖에 잠깐 나갔다 오니 그는 책을 열심히 베껴쓰고 있었습니다.

더 이상 부정행위를 계속하지 못하게 하자 적반하장으로 그는 지도교수인 저에게 싸움을 걸어 폭행까지 했습니다. 그는 자기가 유명한 대형교회 장로라는 직함과 노회 임원이라는 교권적 배경과 지연, 학연 등 온갖 지저분한 관계와 치사한 힘들을 다 동원해서 한동안 저를 무척 괴롭혔습니다.

그후 저는 산상보훈에서 "화평케 하는 자"를 강론할 때마다 그 유명한 대형교회 교수 장로 생각이 났습니다. 이러한 장로가 날뛰던 그 유명한 교회는 그러한 학생을 길렀던 바로 그 신학대학교 총장에 의해서 당회장직 쟁탈전을 벌이고 마침내 폭력배들을 고용해서 교회 건물을 서로 차지하려고 피투성이가 되도록 싸우는 꼴을 세상에 보였습니다.

'기독교가 이렇게까지 타락할 수도 있구나' 하는 더럽고 추한 모습을 보기 전에 저는 정상적인 양심을 가지고는 교수로서 교육할 수 없다는 양심 선언을 한 후 정년을 보장받은 교수직을 스스로 사퇴하고 나와버렸습니다. 저는 그들을 용서했지만 그들의 먹이사슬에 얽힌 죄는 결코 용서할 수가 없어 주님 손에 맡겨버렸습니다.

그들은 길어나니는 내란이 아니라 굴러다니는 흉기같이 느껴졌습니다. 주일 낮에는 하나님의 사랑을 전하던 그 거룩한 장소가 주중에는 폭력배들을 끌어들여서 피투성이가 되어 싸우는 장소로 바뀌고, 평생 예배드리며 출석하던 교인들을 폭력으로 몰아내기 위해서 폭력을 행사하라고 메가폰까지 들고 이들을 사주하는 자가 유명한 목사양성기관의 책임자이고, 싸움판 아수라장이 된 그 거룩한 강대상 바로 앞에서 상대측 여권사의 머리채를 잡고 흔드는 자가 그의 부인이라면 이 말을 세상에서 누가 과연 믿겠습니까?

인터넷에 뜬 이러한 장면을 잘못 본 것이라고 저는 믿고 싶었습니다. 이런 흉기가 상존하는 교회에서 아무리 사랑과 화평을 외쳐봐야 그것은 공염불에 불과합니다.

현대의 위기는 관계의 위기

철학자 마틴 부버는 현대의 위기를 "나와 너의 관계의 위기"라고 하였습니다. 그러나 이 모든 위기 가운데 실로 이 세기의 최대 위기는 "하나님과 우리 사이의 관계 위기"입니다.

유태인 철학자 마틴 부버는 관계의 철학자

우리가 살아계신 하나님 아버지와의 원만한 관계 곧 화평의 관계를 갖지 못할 때 인류의 그 어떤 평화도 진정한 평화가 되지 못합니다. 진정한 평화가 아닌 평화를 우리는 위장된 평화, 가식된 평화라고 말하며 이러한 위장된 평화 속에 살아가는 것은 마치 지뢰밭을 걸어가는 것과도 같아서 언제 지뢰가 폭발할지 모르는 상태에서 살아가는 것과 같습니다.

저는 매년 노벨평화상 수상자가 발표될 때마다 실망스러운 적이 한두 번이 아닙니다. 노벨평화상 심사위원들이 과연 평화의 본질과 진정한 세계평화를 위한 성경적이고 올바른 세계관(worldview)을 가지고 심사에 임하고 있는지 묻고 싶었습니다.

우리가 하나님 아버지와 화평의 관계를 누리지 못하는 가장 큰 원인이 무엇입니까? 그것은 하나님과 우리 사이를 가로막고 있는 이 흉악한 죄 때문입니다. 하나님 아버지는 거룩하시고 공의로우신 분이기 때문에 우리가 짊어지고 있는 죄가 우리에게 있는 것을 보시고는 우리와 교제를 하실 수가 없는 분입니다.

그러나 하나님은 자기 형상대로 지음받은 인간들이 죄로 멸망하는 것을 원치 아니하시고 그의 아들 예수 그리스도를 이 땅에 보내사 화목제물로 삼으시고 십자가에서 우리의 죄악을 대신 짊어지고 죽게 하심으로써 우리의 죄책을 담당케 하셨습니다. 우리의 죄악 때문에 두절된 하나님과 우리 사이를 예수 그리스도께서 십자가에서 죽으심으로 인하여 연결지어 놓으셨습니다.

이것을 비유로 말씀드린다면, 전방에서 치열한 전투중에 전후방을 잇는 통신선이 살라져 나가 통신이 두절되었습니다. 부대는 적에 의해 완전 포위되었습니다. 이때 한 병사가 잘라진 전선을 그의 양쪽 손에 쥐고 몸으로 전류가 흐르게 하여 포위된 전방의 부대와 후방의 사령부를 이어서 통화가 가능케 했고 사령부의 지휘를 받으면서 부대는 구출되었습니다. 그러나 병사 자신은 전류에 감전되어 순국의 아름다운 꽃으로 산화했습니다.

우리의 죄악 때문에 하나님과 우리 사이에 끊어진 구원의 통신선을 자신이 십자가에 달려 죽음으로 연결한 예수 그리스도의 죽음은 한 통신병사의 순국의 아름다운 죽음과는 비교가 안 되는, 질적 차이와 효과 면에서도 수억만 배의 위대한 죽음이었습니다.

예수 그리스도는 십자가 위에서 하늘과 땅의 끊어진 구원의 통

평화의 왕으로 오신 예수님이 나귀를 타고 예루살렘에 입성하고 있고, 군중은 '호산나'를 부르며 환영하고 있다.

신선을 연결해 놓으셨습니다. 그러기 때문에 저와 여러분은 전지전능하시고 거룩하신 하나님과 영적인 통화를 할 때는 반드시 예수 그리스도의 이름으로 통화를 해야 합니다. 호출암호 즉 비밀번호는 '예수 그리스도' 입니다.

만일 우리가 우리 자신만을 바라본다면 우리의 유한한 능력과 힘으로는 이 세상에서 평화의 사도 역할을 도저히 이루어 나갈 수가 없습니다.

그러나 우리가 하나님을 만나는 방법을 깨닫고 그리스도와 연합하는 삶을 살며 성령 안에서 예수 그리스도의 이름으로 하나님과 먼저 신령한 교통이 이루어질 때 우리는 화평하게 하는 자가 될 수 있습니다.

평화의 도구

중세의 성자 앗시스의 성 프랜시스는 다음과 같이 기도했습니다.

주여, 나를 평화의 도구로 써주소서
미움이 있는 곳에 사랑을
상처가 있는 곳에 용서를
분열이 있는 곳에 일치를
의혹이 있는 곳에 믿음을 심게 하소서
주여, 위로받기보다는 위로하며
이해받기보다는 이해하며
사랑받기보다는 사랑하게 하소서
주여, 나를 평화의 도구로 써주소서

온 인류가 하나님을 대적하는 불화의 상태에 있을 때 하나님께서는 자신에게 있어서 가장 고귀한 독생자를 희생하셔서 원수들인 인간들에게 화목의 길과 구원의 방법을 제시하셨습니다. 하나님의 독생자 예수 그리스도의 십자가 보혈이 하나님과 화평을 이루는 유일한 길임을 믿어야 합니다.

피는 곧 생명 자체입니다. 그리스도께서 십자가 상에서 흘리신 피 곧 생명을 버리심은 하나님과 화평을 이루는 대가가 얼마나 값비싼 것인가를 말해주고 있습니다. 우리가 잘못을 하지 않았는데도 나를 중상 모략하고 넘어뜨리려고 온갖 악행을 저지르는 사람들이 이 세상에는 많이 있습니다. 이렇게 우리에게 악행을 일삼는 사람들의 경우일지라도 우리는 그들과 화목하게 지내도록 노력해야 하고 그러기 위해서는 자신의 자존심, 명예, 정당한 권리 주장마저도 포기해야 할 때가 있습니다.

또한 이런 관계 개선을 위해서 자신의 안락과 자기중심적인 사고방식이나 행위는 일체 버려야 합니다. 저와 여러분이 이기적인 자아를 죽이지 못하고 있는 한 우리는 결코 화평의 사역을 감당할 수가 없습니다.

이스라엘의 영도자 모세의 경우를 생각해 봅시다. 모세에게 자아가 살아있는 동안 하나님께서는 결코 그를 쓰실 수가 없었습니다. 그래서 그를 40년간 미디안 광야에서 훈련을 더 시키신

모세와 출애굽

후에 그의 나이 80세가 되어서 인간적인 혈기와 소망이 다 끊어진 후 곧 그의 자아가 완전히 죽었을 때 그를 부르셨습니다.

그의 자아가 살아있고 혈기가 살아있는 동안 모세는 화평케 하는 자가 되려고 인간적으로 노력해 보았지만 결국 그는 살인자밖에는 아무것도 될 수가 없었습니다. 혈기가 마르고 자아가 죽었을 때 하나님께서는 그를 부르셔서 위대한 평화의 도구(peace maker) 곧 하나님을 배역한 이스라엘과 하나님 사이에 화목을 이루게 한 사도로 만들어 주셨습니다.

바울 사도는 자기 자신과의 싸움을 갈라디아서 2장 20절에서 "내가 그리스도와 함께 십자가에 못박혔나니 그런즉 이제는 내가 사는 것이 아니요 오직 내 안에 그리스도께서 사시는 것이라 이제 내가 육체 가운데 사는 것은 나를 사랑하사 나를 위하여 자기 자신을 버리신 하나님의 아들을 믿는 믿음 안에서 사는 것이라"고 했습니다.

그 싸움에서 첫째는 내 자신이 죽고 나의 자아를 죽이고 나를 십자가에 그리스도와 함께 못박고, 둘째는 희생의 값비싼 대가 곧 자존심, 명예, 정당한 권리 주장도 다 포기하고 자신의 안락, 내 중심적인 생각 다 버리고, 셋째는 우리는 평화의 왕 주님을 항상 우리의 마음속에 왕으로, 주인으로 모시고 살아가야만 합니다.

평화의 수원지

우리는 이 세상 어디에도 평화가 없음을 잘 알고 있습니다. 이 세상 아니 이 우주의 평화의 근원은 오직 하나님입니다. 하나님은 우주적 평화의 근원 곧 수원지(水源地)입니다. 이 평화의 시원한 물줄기 생명의 물줄기가 여름 가뭄에 갈라진 논바닥처럼 메마르고 강퍅해진 저와 여러분의 마음을 적실 때 우리의 마음에도 세상에서는 맛볼 수 없는 평화를 누릴 수가 있을 것입니다.

평화 평화로다 하늘 위에서 내려오네
그 사랑의 물결이 영원토록 내 영혼을 덮으소서

우리 마음에 깃든 이 하늘의 평화는 이제 우리의 주변을 촉촉히 적셔 나가야 할 줄 압니다. 우리의 표정에서 이 평화가 흘러 나가야 하며 우리의 음성에서 이 평화가 울려퍼져 나가야 합니다. 우리는 접촉하는 사람들이 언제 어디서든지 하나님 나라의 평화스러운 분위기를 느낄 수 있도록 항상 화평의 삶을 살아갑시다.

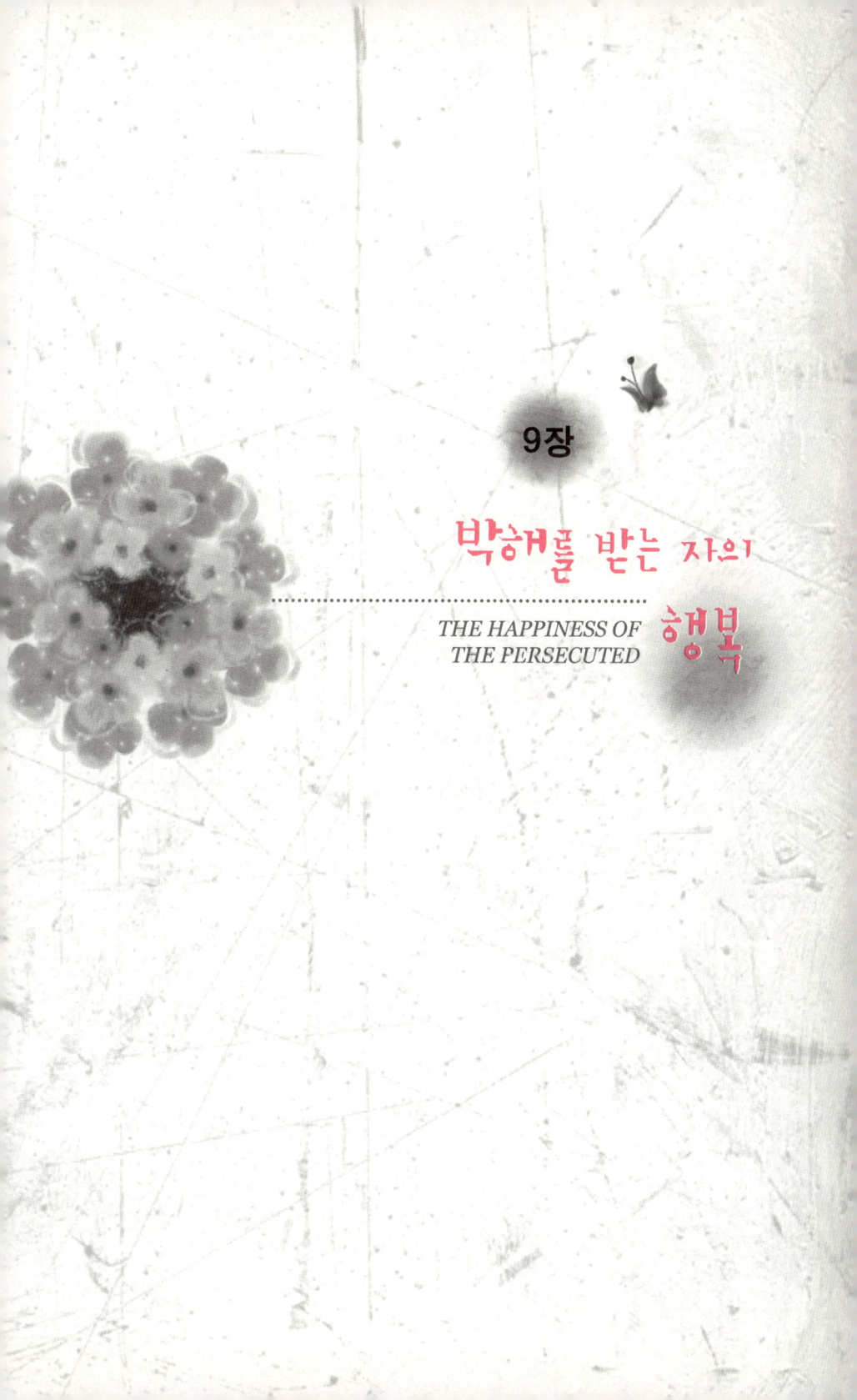

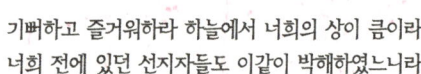

••• 마태복음 5장 12절 •••
기뻐하고 즐거워하라 하늘에서 너희의 상이 큼이라
너희 전에 있던 선지자들도 이같이 박해하였느니라

의에 대한 세상의 반응은 박해

의(義)란 첫째는 예수 그리스도 자신이며, 둘째는 예수 그리스도와 나의 올바른 관계입니다. '의' 되신 예수 그리스도와의 올바른 관계 아래 있는 그리스도인이 세상의 불의와 타협할 수는 없습니다. 불의와 타협할 수 없는 그리스도인에 대한 세상의 반응은 박해입니다.

대대로 조상 제사를 받들며 철저한 유교를 신봉하는 시골 종가집 가문에서 성장하신 저의 아버지는 일제 말기에 먼 대도시에 나가서 서양 선교사들을 만나 예수를 영접하셨습니다. 그후 상투를 자르고 서양식 양복을 맞추어 입고 한문 성경과 일본어 성경을 구입하여서 고향으로 돌아 오셨습니다. 상투를 자르는 일만 해도 일본 통치자들이 강제적으로 강행한 단발령에 대한 대족적인 반발

감정과 함께 조상으로부터 물려받은 신체의 작은 터럭 하나라도 손상하는 것은 천박한 인간들의 불효 막심한 짓으로 그 자체가 하나의 큰 사건이 되던 때였습니다.

'부잣집 둘째 아들이 먼 길을 나갔다가 예수쟁이가 되어서 상투까지 자르고 돌아왔다'는 소문이 삽시간에 사방으로 쫙 퍼지자 온 동네에서는 야단이 났습니다. 대단히 화가 나신 할아버지는 몽둥이로 다리가 부러지도록 아버지를 치신 후 동리 밖으로 쫓아내셨습니다. 동네에서 쫓겨난 그 길로 아버지는 외지로 다니면서 서양 선교사들로부터 성경을 배웠고 신앙을 지켜 나가려다가 많은 박해를 받으셨습니다.

전통 문화를 따라서 관습을 지키고 조상제사를 받들며 "공자 왈, 맹자 왈" 가르침대로 따라 가느냐 아니면 "내가 곧 길이요 진리요 생명이니 나로 말미암지 않고는 아버지께로 올 자가 없느니라", "자기 십자가를 지고 나를 따르라"고 말씀하신 예수 그리스도를 따르느냐의 갈림길에서 아버지는 예수 그리스도를 따르는 길을 택하셨습니다. 그는 조상 대대로 내려오는 상속 재산과 따뜻한 가정의 행복과 모든 기득권을 다 포기하면서 예수 그리스도를 따름으로써 당하는 박해를 더 기뻐하셨습니다.

1998년 겨울 방학 기간에 저는 K대학교 단기선교 팀 인솔 교수로 중국에 가서 선교 현장 실습 인턴십을 지도하던 중, 광저우 시에서 당시 중국 최대의 지하교회를 찾아가서 그들과 함께 예배를

중국 최대의 지하교회 지도자 임헌고(중국인) 목사님은 살아있는 순교자로 널리 알려진 분이다. 신앙을 지키기 위해 22년간 감옥에 있는 동안 아내와 부친이 천국으로 갔다. 현재는 광저우에서 3,000명 이상 모이는 중국 지하교회를 담임 목회하는데 주일 낮 예배는 3중 통역 예배로 드리고 있다.

드리고 그 지하교회 지도자 임헌고 목사님을 만나서 그의 신앙 간증을 듣고 저 자신은 물론 함께 갔던 모든 학생들이 큰 은혜를 받았습니다.

그는 부유한 환경에서 중·고등학교를 마친 후에 영국 선교사의 복음전도를 받고 중생을 체험했습니다. 그후 그는 영국으로 유학을 가서 신학공부를 마치고 목사 안수를 받고 중국으로 돌아와서 아름다운 배우자를 만나 결혼식을 올렸습니다. 그런데 신혼 여행도 떠나기 전, 중국이 갑자기 공산화되는 바람에 공산 당국에 체포되어 감옥으로 끌려 가고 말았습니다. 예수 믿는다는 이유 하나 때문이었습니다.

감옥에서 22년 동안 지낸 후 나와 보니 신혼 여행도 가보지 못하고 헤어진 사모님은 목사님을 기다리면서 쓸쓸히 20년 동안 혼자 살아오다가 2년 전에 사망하였다고 했습니다. 사모님 사망 5년 전에는 그의 부친 장례가 있었지만 그 부친의 임종 소식도 감옥에서 듣지 못하고 있었다고 합니다.

이렇게 그는 신앙을 지키려다가 우리가 상상할 수도 없는 가혹한 박해를 받았지만 그의 표정은 환하게 밝았고 행복해 보였습니다. 의를 위하여 박해를 받는 자는 행복하다는 성경 말씀을 입증해 보여주었습니다. 예수 그리스도를 믿는 것 때문에 박해를 받는다는 것은 의를 위해서 박해를 받는 것입니다. 예수님이 의이기 때문입니다.

구약 다니엘서를 보면 다니엘의 세 친구 사드락과 메삭과 아벳느고가 신앙의 지조를 지키느라고 느부갓네살 왕으로부터 모진 박해를 받는 장면이 나옵니다. 당시 세계의 패권자 느부갓네살은 시날 땅 두라 평원에 순금으로 된 60척의 대형 신상을 세워 제국 내의 모든 신민이 지위고하를 막론하고 다 자기 신상에 절하도록 국법으로 우상숭배를 강요하였습니다. 사드락, 메삭, 아벳느고는 전지전능하신 여호와 하나님을 의지하였기 때문에 그 우상에 절할 수가 없었습니다. 그 결과 느부갓네살로부터 혹독한 박해가 닥쳐왔고 그들의 힘으로는 이것을 피할 도리가 없었습니다. 그런데 이들에게 하나님의 기적이 일어났습니다.

풀무에 던져넣은 것은 세 사람인데 불 속에는 네 사람이 왔다갔다하고 있었습니다. 이들을 풀무에 끌어 넣었던 느부갓네살의 신하들은 불에 타서 다 죽었지만 불 속에 던져진 이들은 머리털 한 가닥 상하지 않고 살아서 걸어나왔습니다. 이들에게 기적이 발생한 것은 이들의 믿음의 결과입니다. 이들은 하나님의 기적을 믿었을 뿐만 아니라 그 기적 아닌 어떤 다른 하나님의 결정에도 순종할 수 있는 준비 태세가 되어 있었기 때문입니다.

세상에는 두 종류의 신자가 있습니다. 첫째는 하나님의 능력에만 전적으로 의지하면서 하나님의 기적만 믿는 신자이고, 둘째는 하나님의 뜻에 전적으로 순종하는 신자입니다.

전자는 믿음으로 기도하고 구하는 자에게는 하나님의 기적이 일어남을 믿는 신자입니다. 이들이 좋아하는 성구는 빌립보서 4장 13절 "내게 능력 주시는 자 안에서 내가 모든 것을 할 수 있느니라" 입니다. 그리고 마가복음 9장 23절 "할 수 있거든이 무슨 말이냐 믿는 자에게는 능히 하지 못할 일이 없느니라"는 말씀입니다. 그러나 후자는 하나님의 뜻에 순종하는 믿음입니다. 내 뜻, 내 고집, 내 욕심, 내 소원대로 이루어지기를 바라는 것이 아니라 아버지 하나님의 뜻대로 이루어지기를 바라는 믿음입니다.

우리는 누구나 칭찬을 받으면 기분이 좋고, 축복 가운데 살면서도 더 많은 축복을 받기를 원하고, 실패보다는 성공을 원하고, 건강하고, 자녀들이 잘되면 좋아하고 그렇지 아니하면 하나님을 원망합니다. 성숙하지 못한 믿음입니다. 이에 반하여 박해를 당해도 어려움이 닥쳐도 조금도 낙심하지 아니하고 오히려 역경을 은총으로 알고 감사하며 하나님의 뜻에 순종하는 신자는 믿음이 장성한 신자입니다.

한국교회 역사상 일제 말기에 일본 제국의 국가신(national god)인 아마데라스오미가미 우상 앞에 절하라고 하는 신사참배 강요를 이기지 못하고 장로교를 비롯한 모든 교단들이 총회적으로 신사참배를 결의하고 목사님들이 단체로 신사에 가서 우상 앞에 절하는 죄를 저질렀습니다. 이에 끝까지 항거하다가 목숨을 바친 수많은 성도들과 주기철 목사님을 위시한 수많은 주의 종들이 순교했습니다.

하나님의 계명에 순종하기 위해 우상숭배의 강요에 저항함으로써 받는 박해는 곧 의를 위하여 받는 박해입니다. 주기철 목사님은 이 혹독한 박해를 받을 때 주님이 감당하신 십자가 고통을 생각하면서 뾰족뾰족 못이 솟아 있는 판자 위를 걸으며 그 발에서 피가 흐를 때 일사각오의 찬송을 직접 작사해서 불렀다고 합니다.

> 십자가의 고개턱 이제 아무리 어려워도
> 주님 가신 길이오니 내가 어찌 못 가오랴
> 주님 제자 베드로는 거꾸로도 갔사오니
> 고생이라 못 가오며 죽음이라 못 가오리

이러한 한국교회는 신앙의 지조를 지키려다 순교한 수많은 순교자의 피로 세워진 교회입니다. 저는 한국교회의 아름다운 신앙전통을 수많은 국제적인 세미나와 논문을 통해서 전 세계에 알렸을 뿐만 아니라, 한국교회의 급성장 요인이 이러한 정신적이고 사상적인 올바른 전통이 기초가 되었기 때문이라고 주장해 왔습니다.

공의의 하나님은 예수 그리스도 때문에 받는 박해에 대하여 반드시 값진 결과로 보상해 주십니다. 오늘날 한국교회가 누리는 부흥과 번영은 수많은 역사적 박해와 순교의 피에 대한 하나님의 값진 보상입니다.

한국의 모 이단 교주가 1973년부터 1975년까지 2년간 미국에서 160만 달러를 은행에 예치했다가 받은 이자 11만 6천 달러와 다른 수입 수만 달러를 탈세한 혐의로 감옥에 간 일이 있습니다. 감옥에서 기자회견을 자초한 그는 "내가 지금 미국 정부로부터 박해를 받고 있다. 내 피부가 만일 백인이고 내가 장로교 목사라면 나는 감옥에 오지 아니하여도 될 사람이다"라고 말했습니다. 그러나 그가 미국 정부로부터 받은 법적 처벌은 의를 위한 진정한 박해가 아닙니다.

진정한 박해는 의를 위해서, 곧 의 되신 주님을 위해서 받는 박해입니다. 고린도전서 1장 30절에 "예수는 하나님으로부터 나와서 우리에게 지혜와 의로움과 거룩함과 구원함이 되셨다"고 했습니다. 그러므로 의를 위해 박해를 받는다는 것은 예수 그리스도를 믿고 따르는 데서 오는 순수한 박해입니다.

"무릇 그리스도 예수 안에서 경건하게 살고자 하는 자는 박해를 받으리라"(딤후 3:12).

노아 때처럼 죄악이 관영한 이 세상에서 죄짓는 자들과 더불어 먹고 마시며, 세상 사람들로부터도 인기를 모으며 화려하고 재미있게 사는 자에게는 박해가 없습니다. 그러나 그렇게 사는 것이 그리스도인들에게는 축복의 기회가 될 수 없습니다. 주님을 잘 섬겨 보려고 노력하면 할수록 개인적으로, 가정적으로, 그리고 교회적으로 더욱 심한 어려움에 빠지는 일도 있습니다.

가라지를 걸러내고 잡초를 캐내려면 뿌리가 들춰지고 잎과 줄기가 꺾어질 때가 있습니다. 나무가 좋은 열매를 맺으려면 무성한 가지와 잎들은 잘라주어야만 합니다.

로마의 네로 황제가 로마시에 불을 지르고 그리스도인들에게 방화 혐의를 뒤집어 씌워 수많은 사람이 죽임을 당했습니다. 사도

폭군 네로의 흉상

중국 선교전략 구상 중 중국 정부 고위 지도자들 앞에서 강연하고 있는 필자

비율도 이때 토마에서 순교했습니다. 그리스도인들이 모여서 성찬식을 하는데 "이것은 피다. 받아 마셔라" 하는 성찬식 자리에서 하는 말을 로마인들이 듣고 오해했습니다. 이 말은 삽시간에 "그리스도인들이 사람을 잡아 피를 서로 나누어 마시며 인육을 서로 찢어 먹는다"는 소문이 로마 제국 전역으로 번져 나갔습니다. 그리하여 로마인들은 그리스도인들을 식인종처럼 혐오하고 야만인처럼 취급하여 박해하기 시작했습니다.

그들은 성도들 몸에 역청을 발라 불을 붙여 놓고 밤에 운동경기를 관람했습니다. 짐승의 털가죽을 그리스도인들에게 씌워서 사냥개에 뜯겨 먹도록 했습니다. 시체와 살아있는 그리스도인을 한데 묶어 매장했습니다. 물에 붙은 가죽으로 그리스도인들을 꽁꽁 묶

본래 명칭은 '플라비우스가의 원형극장'이다.
로마 시민의 여흥을 위해 수많은 인명이 이곳에서 살상되었으며
초기 기독교인들이 이곳에서 순교했나.

어 햇볕에 말려서 죽였습니다. 불에 녹인 쇳물을 몸에 떨어뜨렸습니다. 손발에 불을 붙여 놓고 몸에 찬물을 끼얹었습니다. 자연인으로서는 더 이상 견딜 수 없는 극심한 고통을 느꼈으나 그들은 의를 위해서 오히려 감사하며 찬송하며 기쁘게 받았습니다.

요즈음 미국의 중·고등학교는 마약의 물결이 젊음을 삼키고 있습니다. 마약하는 친구들 틈바구니에서 마약 못하는 착실한 기독교 신앙을 가진 학생들은 바보 취급을 당합니다.

저는 ROTC 장교로 군복무를 했는데 군대에 근무할 때 술, 담배, 도박 못하는 장교는 장교 축에 끼워주지를 아니했습니다. 왕따를

당하고 정기 진급에서 누락되었습니다. 신앙 지조를 지키면서 군대 근무하기가 얼마나 힘이 들었는지 상상하기도 힘이 들 정도입니다.

모든 점원들이 주인 눈 속이고 도둑질하는데, 정직하게 살고자 하는 점원이 한 사람 있다면 이 사람은 중상모략 당하고 박해를 받는 것은 공식입니다. 다른 점원들은 자기들의 비리와 비행이 탄로 날까봐 어찌하든지 정직한 이 점원을 내쫓으려고 음모를 꾸밉니다. 이와 같이 죄악된 세상에서는 신자가 빛과 소금의 역할을 감당하

미국 웨스트민스터 신학교 총장 로봇 갓프리(Robert Godfry) 초청 강의를 마치고

려면 어려움이 많습니다.

1990년 봄에 전국 신학자들의 학술 모임이 제가 강의하고 있던 이화여자대학교 강당에서 열렸습니다. 당시 수많은 신학자들과 종교다원주의자들이 모인 데서 저는 "기독교가 현재 정체성의 위기 앞에 서있다"는 제목으로 주제강연을 했습니다.

윤 모 박사가 단군신화를 모델로 해서 주장한 한국적 삼위일체론은 무당의 영과 성령을 동일 차원에서 비교 내지는 혼동하고 있는데 이것은 신학이 아니라 무당론에 불과하고 서구신학에 한국의 문화를 접목시킨 '사생아'라고 강한 논조로 비판했습니다. 복음주의 진영에서는 박수가 터져나오고 윤 박사의 제자들로부터는 강한 반발이 빗발쳤습니다.

성부, 성자, 성령님에 대한 신성을 모독하는 표현에 대해서 참지 못하는 의분 때문에 받는 고통은 의를 위해서 받는 박해에 해당합니다. 아니나다를까 다음 학기에 짐작대로 제가 하던 강의시간이 잘렸습니다. 의를 따르는 자에 대해서 세상은 똘똘 뭉치고 연합해서 강한 힘으로 대항해 오는 것이 공식입니다. 그렇더라도 주님은 기뻐하고 즐거워하라고 말씀하셨습니다.

역경의 은총

서양 속담에 "흐르는 시냇물의 돌들을 치워버리면 시내는 노래를 잃어버린다"라고 했습니다. 고난이 있기 때문에 그리스도인들은 이 고난의 아픔이 예술로 승화되어 창조적인 인격을 완성해 갑니다. 시편 기자는 이 비밀을 알았습니다.

"고난 당하기 전에는 내가 그릇 행하였더니 이제는 주의 말씀을 지키나이다, 고난 당한 것이 내게 유익이라 이로 말미암아 내가 주의 율례들을 배우게 되었나이다"(시 119:67, 71).

그래서 어느 신학자는 고난을 가리켜 "제3의 성례"라는 유명한 말을 남겼습니다. 성도라면 누구나 세례나 성찬을 받듯이 고난도 감사함으로 성례 받듯이 받아야 한다는 뜻입니다.

세례와 성찬 못지않게 고난은 하나님의 은총입니다. 그리스도께서는 우리가 그분을 구주로 영접하는 순간 우리에게서 죄와 저주와 지옥을 가져가신 대신 십자가를 남겨주셨습니다. 이 십자가 없이는 부활의 영광도 없습니다. 예수님의 12제자들의 최후가 순교의 피로 얼룩져 온 것도 이들은 일찍이 고난의 십자가 뒤에 있는 부활의 영광을 바라보았기 때문입니다.

십자가를 위하여 주님의 의를 위하여, 이 땅에서 고난 당하는 자에게 주님은 "기뻐하고 즐거워하라 하늘에서 너희 상이 큼이라"고 말씀하십니다. 고난이 우리를 참다운 성도로 만들며, 박해가 우리로 하여금 그리스도를 닮은 거룩한 인격자로 승화시켜 주는 것이라면 저와 여러분은 의(義) 되신 예수 그리스도를 전하다가 고난을 당해도, 박해를 받아도 이것을 오히려 기쁨으로 여겨야 합니다. 이것 때문에 곧 천국에서 큰 상을 받을 것이기 때문입니다.

10장

세상에 대한 소금처럼

LIKE SALT To THE WORLD

••• 마태복음 5장 13-16절 •••
너희는 세상의 소금이니 소금이 만일 그 맛을 잃으면 무엇으로 짜게 하리요
후에는 아무 쓸 데 없어 다만 밖에 버려져 사람에게 밟힐 뿐이니라
너희는 세상의 빛이라 산 위에 있는 동네가 숨겨지지 못할 것이요
사람이 등불을 켜서 말 아래에 두지 아니하고 등경 위에 두나니
이러므로 집 안 모든 사람에게 비치느니라
이같이 너희 빛이 사람 앞에 비치게 하여 그들로 너희 착한 행실을 보고
하늘에 계신 너희 아버지께 영광을 돌리게 하라

소금의 정체성

그리스도인은 비록 이 세상에 살고 있기는 하지만 우리의 진정한 소속은 이 세상이 아니라 하늘나라입니다. 마치 해외 한인 이민자들이 외국 땅에 이민 와서 살고 있기는 하지만 그들은 영원한 한국인인 것처럼, 그리스도인은 비록 이 땅에 살기는 하지만 그는 이 땅의 시민이 아니고 하늘나라의 시민인 것입니다.

그러므로 그리스도인은 세상 풍속을 따라서 살고자 하는 세속주의를 배격함과 동시에 '괴롬과 죄만 있는 곳 내가 어찌 여기 살겠는가' 하면서 이 세상을 도피해서 등지고 살아가고자 하는 은둔주의와 도피주의도 거부해야 합니다.

기독교는 세상 속에 있으면서도 세상의 풍속이나 세상의 재미

에 도취되지 아니하고 세상 물결이 흘러가는 대로 따라가면서 내 자신을 세속에 적응시키지 아니하며, 동시에 세상을 등지고 불교처럼 고적한 산속으로 도피해 버리는 은둔의 종교도 아닙니다. 과거에는 세상을 도피해서 깊은 산속에 절을 짓고 은둔 수도의 길을 가던 불교도 이제는 기독교 선교를 모방해서 예불이나 법회 때 성가대를 세우며 기독교 개척교회처럼 도회지 고층건물 속에 전세 절을 세워 나가고 있습니다.

세상을 향한 그리스도인이 '세상의 소금'이라고 함은, 마치 소금이 어떠한 상태에 놓여 있더라도 그 고유한 짠맛을 잃지 아니함 같이 그리스도인도 소금처럼 자신은 녹아 없어지더라도 어떠한 환경에 처하든지 '예수의 향기'를 잃어서는 안 된다는 뜻입니다.

과거에는 결혼하는 남녀가 일평생 절대로 변하지 않고 사랑하겠다는 신표로 황금반지를 교환했는데 이것은 황금의 속성이 절대로 변하지 않기 때문입니다. 변하지 않기 때문에 황금이 귀한 것처럼, 소금도 짠맛이 변하지 않기 때문에 유대인들은 변하지 아니하는 약속을 '소금의 맹약'이라 부릅니다. 그리고 그 인격이 진실하고 믿음직하여 하나님을 향한 자세에 있어서 충성스러운 사람을 가리켜 '소금같이 신실한 사람'이라고 부릅니다.

소금은 자신의 짠맛이 변하지 아니할 뿐만 아니라 그 자신이 녹아서 다른 물건의 상태도 부패하지 아니하도록 해줍니다. 제가 어렸을 때는 오늘날과 같은 냉장고가 없었기 때문에 생선은 주로 소금에 절인 간고등어, 간갈치 등 소금에 절인 생선을 많이 먹었던 기억이 납니다. 소금이 잘 쳐진 생선은 빨리 상하지 않는데 더운 날씨에 소금이 잘 쳐지지 않은 생선은 쉬 부패하는 것을 볼 수 있습니다.

부패해 가는 생선 같은 세상 속에 살면서도 세상을 따라 썩지 아니하는 것은, 우리 속에 예수의 피 곧 생명의 피가 흐르고 있어서 그 피가 날마다 부패해져 가는 세상에서 소금처럼 방부제의 역할을 하고 있기 때문입니다.

둘째로 소금이 귀중한 것은 모든 음식에 소금이 들어가야 맛을 내는 것처럼 이 세상에 그리스도인이 살고 있기 때문에 역사에 의미가 있는 것입니다. 역사라는 말이 영어로 History인데 이것은 His와 Story의 합성어라고 합니다. "그의 이야기", 그는 예수 그리스도, 곧 역사는 예수 그리스도가 이 땅에 오심으로 말미암아 의미가 있고, 따라서 역사는 그의 이야기에 무게 중심이 있다는 것입니다.

역사가 예수 그리스도 중심의 이야기임은 곧 그리스도인이 빠져버린 이 세상 역사는 의미가 없다는 뜻과도 같습니다. 이것은 우리가 지난 과거 로마의 콘스탄틴 이후 인류 역사를 볼 때 그 시대 시대마다 역사의 중심무대에서 활약하고 역사를 주도해 온 사람들은 그리스도인들이었고, 역사를 주도해 온 국가나 민족은 모두 기독교 국가였다는 사실을 통해 알 수 있습니다.

그리스도인들은 그들 주변의 불신자들 보기에 매력적인 삶을 살기 위해서 일상생활에서의 말씨, 얼굴 표정, 삶의 자세 등에서 친절하고 맑고 의욕적인 모습을 가지고 날마다 접촉하는 사람들에게 기쁨을 안겨주며 평안을 주며 저들로부터 호감을 갖게 할 수 있는 삶을 보여주어야만 합니다.

배추를 자르고 소금을 뿌리며
늦가을 김장하는 필자

사도행전의 그리스도인들은 칭찬과 박해를 동시에 받은 사람들입니다. 그리스도인들은 칭찬을 받든지 아니면 박해를 받든지 둘 중의 하나인 것이 정상적인 상태입니다. 내가 성령님의 전적인 지배 아래 있고 내 안에 계신 예수님의 향기가 나의 일거수일투족 나의 삶을 통해서 뿜어나오는 이 사실 때문에 내가 사람들로부터 칭찬을 받든가 아니면 세상 사람들과 같지 않다는 이유 때문에 박해를 받든가 둘 중의 한쪽을 택해야만 하는 것이 그리스도인들의 운명입니다.

녹아지지 아니하는 소금

소금이 소금 맛을 내기 위해서는 음식 안에 들어갔을 때 녹아져야 합니다. 녹지 아니하는 소금, 녹아지지 아니하는 그리스도인들, 이들 때문에 오늘날 교회에 문제가 발생하고 주님을 다시 금십자가에 못을 박는 일이 일어나고 있는 것입니다.

하나님의 말씀 앞에 하나님의 거룩하신 임재 앞에서도 자기 자신들은 절대로 녹아지지 아니하고 자기의 목적, 자기의 주장, 자기의 편견에 완전히 노예가 되어 있는 사람들이 있습니다. 이들에게는 자기의 양보가 있을 수가 없습니다. 남의 말을 들을 리가 없습니다. 자기 생각, 자기 편견대로만 행동합니다. 이들에게는 주님의 음성이 들릴 수가 없습니다. 이들에게 회개의 열매가 맺힐 수가 없는 것입니다.

누구든지 회개에 합당한 열매를 맺지 아니하고는 하나님께로 나아갈 수 없고 하나님을 만날 수가 없습니다. 회개에 합당한 열매를 맺기 위해서는 먼저 내 자신이 죄인임을 철저히 깨달아야만 합니다.

사울과 다윗은 두 사람이 다같이 사무엘에 의해서 기름 부음을 받은 자였습니다. 사울은 외모가 매우 잘생겼고 키가 보통 사람들보다 머리 하나 정도로 더 컸다고 하니 매우 큰 키의 소유자였습니다. 그는 부지런하고 성실했으며 도덕적으로도 훌륭한 인격자였지만 자신이 죄인임을 고백할 줄 모르는 매우 오만한 자였습니다. 그러나 다윗은 외모가 그의 모든 형제 중에서 가장 뒤떨어졌습니다.

사무엘이 하나님의 계시를 받고 이새의 집에 와서 그의 아들들을 하나씩 불러서 왕의 후보 선발 면접을 보는데 그의 아버지 이새의 생각 속에서 막내아들인 다윗은 왕의 후보 면접 대상으로는 염두에 두지도 아니하였습니다. 왜냐하면 다윗의 외모가 그의 형들에 비해서 너무나 초라했기 때문이라고 성경은 말하고 있습니다. 그러면서 "하나님은 사람을 판단하실 때 외모로 하지 아니하시고 그 중심을 보신다"고 성경은 말합니다.

어느 무더운 여름날 이 주제로 설교를 마친 서울 시내 모 교회 담임목사님이 축도 후 돌아가는 교인 한 사람 한 사람과 일일이 인사를 하고 있는데, 젊은 여집사 한 사람이 미니스커트에 당시 한창 유행하던 배꼽티를 입고 목사님 앞으로 나오기에 목사님이 하도 민망스러워서 한마디 했습니다.

"집사님, 교회 오실 때는 좀……."

목사님이 말끝을 흐리자 얼른 눈치를 챈 그 여집사 왈, "목사님! 오늘 설교에서도 '하나님은 중심을 보신다' 고 하셨잖아요?"라고 하면서 손가락으로 자기 배꼽을 가리켰다는 실화가 있습니다.

하나님은 다윗의 초라한 외모를 보지 아니하시고 하나님 사랑과 경외로 가득 채워진 그의 중심을 보시고 사무엘로 하여금 그의 머리에 기름을 붓게 하셨습니다. 다윗이 실수로 범죄했을 때는 하나님 앞에 선 자신의 죄인 된 모습을 발견하고 회개의 기도로 침상을 적시는 겸손한 자세를 보여 주었습니다.

상향적, 내향적, 외향적 관계성

소금이 소금 노릇을 하기 위해서는 먼저 그것이 철저히 소금이 되어 있어야 합니다. 좋은 소금은 바닷물에서 만들어지는데 바닷물이 염전으로 들어와 거기서 오랫동안 햇볕에 쪼여서 물기가 다 증발하면 소금이 됩니다. 아니면 큰 가마솥에 바닷물을 넣고 불을 때면 물기가 증발하고 소금이 됩니다.

마찬가지로 우리가 성령의 뜨거운 조명과 성령의 불에 녹아지고 깨어지고 부서진 연후에야 참된 그리스도인이 될 수 있습니다.

우리의 세상 삶을 다른 말로 정의하면 "관계의 삶"이라 할 수 있습니다. 하나님과의 관계는 상향적 관계(上向的關係)로서 그 어떤 관계보다 우선입니다.

하나님과의 올바른 관계를 유지하고 있어야 비로소 그리스도인이라고 할 수 있습니다. 하나님과 올바른 관계를 가지기 위해서 첫째, 날마다 말씀 범주 안에서 살아야 합니다. 둘째, 날마다 기도로 교제해야 합니다. 셋째, 날마다 회개에 합당한 열매를 맺어야 합니다.

그리스도인이 하나님과 올바른 관계를 가진다는 것은 소금이

'되는 것'(becoming)에 비유될 수 있습니다. 소금이 아직 덜 된 상태에서는 아무 곳에도 쓰임받지 못합니다.

그 다음은 나 자신과의 관계, 곧 내향적 관계(內向的關係)입니다. 이것은 소금이 스스로 다시 녹아지는(melting) 것입니다. 나 스스로 녹아지고 희생과 헌신의 정신으로 나 자신의 모습을 나타내 보이지 아니하고 많은 사람들에게 아름다운 영향력을 미치는 것입니다. 내 자신의 뜻, 고집, 생각, 목적, 수단, 명예, 지식, 지위……모두 다 주님을 위해서 내려놓고 던져버리는 것입니다. 소금이 녹아지는 것처럼 나 포기하는 것입니다. 이때 소금이 소금 맛을 내는 것처럼 주님의 향기가, 주님의 능력이 나를 통해서 나타납니다.

그 다음으로는 세상과의 관계, 즉 외향적 관계(外向的關係)입니다. 소금이 맛을 내는 것은 소금의 존재 이유와 존재 가치입니다. 소금이 소금답게 녹아져서 짠맛을 내기 위해서도 반드시 세상을 만나야 한다는 것입니다. 습기가 있는 세상, 부패할 수밖에 없는 세상을 만나지 아니하고는 소금이 녹아질 수가 없습니다. 소금 그 자체만으로 존재하고 있을 때는 다른 돌멩이나 유리조각과 다를 바가 없습니다.

우리가 중세 수도원의 경건한 기도의 삶을 높이 평가할 수는 있지만 그대로 따를 수 없는 이유는, 그들의 삶이 반드시 만나야만 하는 세상을 만나지 아니하고 세상을 외면하고 세상과 격리된 은둔, 도피 생활을 함으로써 소금으로서의 역할을 하지 못했기 때문입니다.

오늘날 복음주의자들의 교리가 비록 성경적이고 저들이 부르짖는 하나님 중심의 신앙이 옳은 외침이지만, 저들이 일부분이긴 하나 세상을 포기하고 세상을 외면하고 사는 것이 마치 가장 하나님을 위하는 것인 양 착각하고 있기 때문에 저들이 세상에서 소금 역할을 할 수가 없는 것입니다.

《주님 때문에》(IN AS MUCH)라는 유명한 책의 저자인 다니엘 모벅(Daniel O. Moberg) 목사는 일부 복음주의자들이 세상을 외면해 버리는 잘못된 이유를 다음과 같이 말했습니다.

"첫째, 그들이 추종자들에게 세상을 외면하라고 가르치는 것은 복음주의 신학적 편견 때문이다. 둘째, 말세가 되면 모든 것이 점점 악하게 되어간다고 본 것은 복음주의자들의 잘못된 세계관이 그들의 판단에 영향을 준 것이다. 셋째, 그들은 성도가 세상 일에 대해서 관심을 가지지 말아야 한다고 생각함은 그것이 영혼 구원에 대한 예수님의 메시지에 위배된다는 잘못된 생각 때문이었다. 넷째, 개인 경건에만 치중하고 물질적 사업이나 세상 정치에 관여하는 것을 그리스도인의 삶으로서는 추하다고 주장한 것은 세상과 복음의 관계를 신학적으로 잘못 해석한 것이다."

접촉하는 대상을 갈증 나게 해야

소금의 또 한 가지 특징은 소금이 접촉하는 사람들에게 갈증을 일으키는 물질이라는 점입니다. 음식에 소금을 짜게 쳐서 먹었을 때 당장 나타나는 반응은 '갈증' 입니다.

여러분이 매일 접촉하는 사람마다 "당신 속에 있는 예수 그리스도를 나도 알고 싶습니다. 당신이 소유한 그 예수 그리스도, 당신의 삶을 그렇게 생동하게 만드는 예수 그리스도를 나도 알고 싶고 그 예수 그리스도를 나도 배우고 싶습니다"라고 하는 그런 타는 목마름이, 그런 허기진 배고픔이 여러분이 날마다 만나는 세상 사람들의 영혼 속에 창조되도록 해야 합니다. 이렇게 될 때 그리스도인이라고 불리는 여러분은 세상에 대하여 소금의 사명을 감당하고 있는 것입니다.

누군가가 여러분을 찾아와서 "당신의 모습을 보니 당신이 모시고 살아가는 그 예수님에 대해 나도 알고 싶은 생각이 들었습니다. 나에게 그를 좀 소개해 줄 수 있겠습니까?"라고 말하는 사건이 당신의 삶 속에 그 언젠가 단 한 번이라도 있었습니까?

예수님은 그의 공생애 삼 년 반 동안 만나는 사람마다 그들 속에서 영생에 대한 갈증으로 목마름이 일어나도록 하였습니다.

요한복음 3장을 보면 유대인의 관원인 니고데모가 밤에 예수님을 찾아와서, "당신은 하나님께로부터 오신 선생인 줄 아나이다. 하나님이 함께하시지 아니하면 당신의 행하시는 이 표적을 아무도 할 수 없습니다"라고 했을 때, 예수님은 "내가 진실로 진실로 네게 이르노니 사람이 거듭나지 아니하면 하나님 나라를 볼 수 없다"라고 하셨습니다.

이때 니고데모는 자기 한평생에 듣도 보도 못한 말씀을 들었습니다. 그 말 한마디에 니고데모는 갑자기 진리에 대한 배고픔과 목마름을 느꼈습니다. 그는 공부를 많이 한 학자요 유대인의 지도자였고 나이도 많이 먹어 지혜 있는 자로 견문이 넓은 자였습니다. 그런데도 그는 사람이 두 번 태어난다는 말을 이전에는 한 번도 들어본 적이 없었습니다.

그는 갑자기 지적 호기심과 진리에 대한 갈증이 솟구쳐 올랐습니다. 그래서 예수님께 좀더 가까이 나가가서 그것이 도대체 무슨 뜻인지 물었습니다. 예수님은 접촉하는 사람마다 영생의 진리에 대한 타는 목마름과 허기진 배고픔을 느끼게 하셨습니다.

저는 대학과 대학원에서 강의하면서 매학기마다 학기말 시험 문제는 항상 한 학기 동안 배운 것 중에서 가장 중요하다고 생각하는 문제를 하나 자유롭게 선택해서 쓰게 하고, 다음 학기 준비를 위한 교수 스스로의 반성 자료로 삼기 위해 나의 강의에 대한 평가를 쓰게 합니다. 그런데 대부분의 평가문에서 발견되는 공통점이 하나 있습니다.

"예수를 믿은 지 수년이 되었고 여기저기서 많은 성경 해석 말씀과 강의를 들어보았지만 이번 학기 교수님의 강의는 그 무엇보다도 뜨거운 온도가 달랐고 보다 열정이 있었고 이전에는 한 번도 들어보지 못한 새로운 말씀 해석의 방법과 영혼 구원을 향하게 하는 허기짐과 타는 목마름을 느끼게 해주셨습니다."

예수 그리스도가 내 안에 거한다면 나를 접촉하는 사람들마다 영원한 생명에 대한 목마른 갈증과 배고픔을 고백하게 해야 합니다. 그리스도 없이 세상에서 방황하는 인생들이 나의 삶을 관찰하면서 도무지 부인할 수 없는 어떤 매력이, 향기가, 아름다움이 나로부터 흘러 넘치는 것을 저들이 고백해 올 때 저와 여러분은 비로소 그리스도인으로서의 소금의 역할을 감당하고 있는 것입니다.

중국 선교사 K 이야기

저의 제자들 중에서 중국에 가서 선교활동을 하고 있는 K가 어느 날 중국의 광저우 시에 있는 어느 대학교 캠퍼스에서 한 무리의 대학생들을 나무 그늘 아래 모아놓고 그들에게 열심히 성공적인 삶에 대한 특강을 하고 있었습니다. 이 강의 시작부터 마지막까지 멀찌감치 서서 지켜보던 30대의 한 여인이 집회 군중들이 다 떠난 후에 상담을 좀 해달라고 K에게 요청했습니다.

K는 먼저 그에게 말하게 한 다음 친절한 태도로 들어 주었습니다.
"제가 멀리 서있어서 선생님이 하시는 말씀을 다 듣지는 못해도 2시간 이상 말씀하시는 선생님의 표정을 보고 있던 중 순간적이나

필자가 K선교사와 함께 중국에서 3중 통역으로 복음을 전하고 있다.

마 저 자신도 모르게 선생님의 행복해하는 그 분위기에 빠져들어 갔습니다. 선생님은 확실히 성공한 사람 같다는 생각이 들었습니다. 선생님은 확실히 성공하신 분이 맞지요?"

"예, 맞습니다. 저는 성공한 사람임이 확실합니다. 그런데 저의 성공은 전적으로 그 어떤 한 분 때문입니다. 나도 그분을 알기 전까지는 완전히 실패한 불행한 사람이었습니다. 그분이 나의 삶에 이러한 성공을 선물로 주셨습니다."

"그분이 누구세요?"

"내가 오늘 그분을 당신에게 소개해드릴까요?"

"예."

"그러면 나를 따라오세요."

이렇게 그분을 선교부 상담실까지 오게 한 후 그분의 지나온 삶에 대한 고백부터 들었습니다.

"저는 중국 쓰촨성에서 중학교 사회 과목을 가르치던 교사였습니다. 그런데 대도시에 가서 돈을 많이 벌어서 좀더 잘살아보려고 교사직을 사직하고 광저우로 와서 회사에 취직하였습니다. 회사일이 늦게 끝난 어느 날 밤 버스를 타고 집 가까이에서 내려 어두운 골목길을 걸어서 집으로 오는데 길모퉁이에서 세 명의 남자에게 붙잡혀 성폭행을 당한 후 내 인생은 그때부터 완전히 망가져 버렸습니다. 삶의 목표도 희망도 모두 사라졌습니다. 살 이유가 아무것도 없는 것 같았습니다. 그래서 자살도 여러 번 시도해 보았으나 죽는 것도 뜻대로 되지 않았습니다. 그러다가 한 가지 목표는 분명히 붙잡았습니다. 내 인생을 이렇게 망가뜨린 그 사람들을 찾아서 내 손으로 직접 죽이는 것이었습니다. 청년들이 모이는 곳이면 어디든지 가리지 않고 찾아 다니던 중 오늘도 여러 청년들이 모인 그 자리에 갔던 것입니다."

여기까지 말한 그녀의 얼굴은 눈물 범벅이 되었습니다. K선교사는 그녀에게 용서와 사랑 그리고 예수 그리스도를 소개하였습니다. 이때 그녀는 거듭남을 체험하였고 K선교사가 지도하는 새로운 공동체에서 새 삶을 살아가고 있습니다. K선교사는 수많은 중국의 젊은 지성인들에게 진리에 대한 목마름과 갈증을 느끼게 하여 예수 그리스도를 먹고 마시게 하고 있습니다.

| 판 권 |
| 소 유 |

8 CONDITIONS FOR THE HAPPINESS OF SUCCESSFUL PEOPLE
성공하는 사람들의 8가지 행복 조건

2015년 2월 10일 인쇄
2015년 2월 15일 발행

지은이 | 최정만
발행인 | 이형규
발행처 | 쿰란출판사

주소 | 서울시 종로구 이화장길 6
TEL | 745-1007, 745-1301~2, 747-1212, 743-1300
영업부 | 747-1004, FAX / 745-8490
본사평생전화번호 | 0502-756-1004
홈페이지 | http://www.qumran.co.kr
E-mail | qrbooks@gmail.com
　　　　 qrbooks@daum.net
한글인터넷주소 | 쿰란, 쿰란출판사

등록 | 제1-670호(1988.2.27)

책임교열 | 송은주

값 9,000원

ISBN 978-89-6562-718-0 03230
ⓒ 최정만 2015

＊ 저작권법에 의하여 저자의 허락 없이는 이 책의 일부 또는 전부를 어떤 목적으로도
　사용할 수 없습니다.
＊ 파본은 교환해 드립니다.